# 守护生活的民法典（二）

## 解决身边的法律问题

福建旭丰律师事务所
FM99.6 厦门综合广播《新闻招手停》
联合出品

李志鹏
柳冰玲
主编

法律出版社
LAW PRESS · CHINA
北京

## 图书在版编目(CIP)数据

守护生活的民法典：解决身边的法律问题. 二／李志鹏, 柳冰玲主编. -- 北京：法律出版社, 2023
ISBN 978-7-5197-7759-3

Ⅰ.①守… Ⅱ.①李…②柳… Ⅲ.①民法-法典-基本知识-中国 Ⅳ.①D923.04

中国国家版本馆CIP数据核字（2023）第059964号

| 守护生活的民法典（二）<br>——解决身边的法律问题<br>SHOUHU SHENGHUO DE MINFADIAN（ER）<br>—JIEJUE SHENBIAN DE FALU WENTI | 李志鹏 柳冰玲 主编 | 策划编辑 朱海波<br>责任编辑 朱海波<br>装帧设计 鲍龙卉 |
|---|---|---|

| | |
|---|---|
| 出版发行 法律出版社 | 开本 A5 |
| 编辑统筹 法律应用出版分社 | 印张 11　字数 330千 |
| 责任校对 蒋 橙 | 版本 2023年5月第1版 |
| 责任印制 刘晓伟 | 印次 2023年5月第1次印刷 |
| 经　　销 新华书店 | 印刷 三河市兴达印务有限公司 |

地址：北京市丰台区莲花池西里7号（100073）
网址：www.lawpress.com.cn　　　　销售电话：010-83938349
投稿邮箱：info@lawpress.com.cn　　客服电话：010-83938350
举报盗版邮箱：jbwq@lawpress.com.cn　咨询电话：010-63939796
版权所有·侵权必究

书号：ISBN 978-7-5197-7759-3　　　　定价：58.00元
凡购买本社图书，如有印装错误，我社负责退换。电话：010-83938349

# 守护生活的民法典
## 编委会

(按汉语拼音顺序排列)

| | | | | |
|---|---|---|---|---|
| 蔡博斐 | 蔡甄如 | 曾 浩 | 陈 帆 | 陈 力 |
| 陈晓丽 | 陈晓莹 | 刁 玫 | 杜晓康 | 方凡佳 |
| 何 程 | 胡燕婷 | 黄 芳 | 黄芬嫘 | 黄婧雯 |
| 黄扬扬 | 黄 樱 | 简斯林 | 蒋晓丹 | 焦苏闽 |
| 赖丽华 | 蓝丽英 | 李 苏 | 李志鹏 | 林培勋 |
| 林鹏垚 | 林炎杰 | 林以燕 | 林宇翔 | 刘福来 |
| 刘龙祥 | 柳冰玲 | 卢毅婷 | 卢泽萧 | 罗 淞 |
| 沈逸琛 | 沈玉洪 | 苏礼墩 | 苏腾云 | 涂慧俐 |
| 王 琼 | 王硕琛 | 吴茹兰 | 吴思娴 | 吴钰枫 |
| 张青云 | 郑进文 | 周 慧 | 朱哲钰 | 庄幼留 |
| 宗 锐 | | | | |

# CONTENTS
目 录

# Part ONE 第一编 综合

**001 当《民法典》遇到《宪法》——《宪法》离我们的生活很远吗？/ 003**
常见问题解答 / 004
问 "宪法日"从何而来？/ 004
问 《宪法》离我们很远吗？/ 004
问 《宪法》与《民法典》如何对话？/ 006
问 实务案件中会用到《宪法》吗？/ 006

**002 民法典时代法律保护也有"有效期" / 010**
常见问题解答 / 011
问 什么是诉讼时效？/ 011
问 如何理解诉讼时效的积极作用？/ 011
问 《民法典》对诉讼时效的具体规定是什么？/ 012
问 "法律另有规定的，依照其规定"中的"另有规定"指什么？/ 012
问 诉讼时效的起算时间如何确定？/ 012
问 诉讼时效届满是否等同于权利消灭？/ 013
问 义务人是否可以恶意拖延履行时间，后以诉讼时效届满进行抗辩？/ 013
问 权利人在诉讼时效内因客观原因无法主张权利，如何处理？/ 014

**003** 《民法典》颁布两周年透视各地民法典经典案例 / 018

    常见问题解答 / 019

    问  今天首先要分享的案例是什么？/ 019

    问  能否再次分享"居住权"的第一案？/ 019

    问  能否介绍一下有关"合同"的典型案例？/ 020

    问  《民法典》将"人格权"独立成编，能否介绍一下？/ 021

    问  我们接着聊《民法典》关于婚家继承方面的内容，今天有没有新的分享？/ 022

# Part TWO
## 第二编 婚姻、家庭、继承

**004** 从法律视角看《以家人之名》/ 027

    常见问题解答 / 028

    问  看过《以家人之名》的朋友都知道，主人公贺子秋在年仅几岁的时候被亲生母亲遗弃在李海潮家中，此后就在李家生活了十几年，叫了李海潮十几年的"爸"。那么贺子秋和李海潮之间是否成立收养关系？/ 028

    问  《民法典》施行后的收养制度是否有变化？/ 028

    问  未被抚养是否也要赡养父母？/ 029

    问  贺子秋长大后是否需要赡养李海潮？/ 029

问　贺子秋的生父通过给李海潮 100 万元作为补偿来要回贺子秋的做法能否成立？／030

问　是否有相关法律可保障未成年人在原生家庭中获得应有的陪伴、照顾和教育？／030

问　《家庭教育促进法》是否会影响父母在家庭教育中的自主性？／031

## 005　民法典背景下婚姻关系中的房产归属问题／034

**常见问题解答／035**

问　什么是夫妻财产制度？／035

问　婚前购房，房产如何归属？／035

问　受赠与或继承的房产如何归属？／036

问　在夫妻双方没有约定财产制的情况下，婚后购买的房产是否一定属于夫妻共同财产？／036

问　卖婚前旧房换婚后新房，新房属于婚前个人财产还是婚后夫妻共同财产？／037

问　父母为子女出资买房，房产如何归属？／037

问　《最高人民法院关于适用〈中华人民共和国民法典〉婚姻家庭编的解释（一）》实施后，父母为子女出资买房的问题，是否都适用新规？／038

问　离婚协议中关于分割房产的约定是否有效？／039

## 006　父母将房产登记在未成年子女名下的相关问题／043

**常见问题解答／044**

问　有很多父母会选择将房产登记在未成年子女名下，一般是出于什么考虑？／044

问 将房产登记在未成年子女名下,有什么法律风险隐患? / 044
问 什么情况下父母可以处置登记在未成年子女名下的房产? / 045
问 如果登记在未成年子女名下的房产被父母卖掉或者抵押,未成年子女如何维护自己的权利? / 045
问 如何判断父母的处分行为是否为了维护未成年子女的利益? / 046
问 父母共同出资购买的房产登记在未成年子女名下,父母离婚时可以请求分割吗? / 046
问 如果父母欠债了,父母的债权人是否可以对登记在未成年子女名下的房产申请强制执行? / 047
问 实务中将房产登记在未成年子女名下,如何办理相关登记? / 047
问 父母将房产登记在未成年子女名下,需要注意什么? / 048

## 007 个人财产在婚后产生的收益归谁? / 051
常见问题解答 / 052
问 关于个人财产婚后收益归属的法律规定有哪些? / 052
问 "自然增值"和"增值"有什么区别吗? / 052
问 什么是"贡献",其对认定收益的归属有什么影响? / 053
问 为何《最高人民法院关于适用〈中华人民共和国民法典〉婚姻家庭编的解释(一)》未将"贡献"一词纳入法条? / 053
问 个人财产婚后的投资收益如何认定归属? / 054
问 个人房屋婚后出租所得租金收益属于个人财产吗? / 054

## 008 暑假期间,"神兽"们的法律保护问题 / 058
常见问题解答 / 059

问　如何理解"家庭教育令"？/ 059

问　哪些情况下法院可能作出"家庭教育令"？/ 059

问　违反"家庭教育令"可能承担什么后果？/ 060

问　参加"夏令营"受伤，谁需要承担责任？/ 060

问　暑期打工有何注意事项？/ 061

问　未成年人大额消费能否退款？/ 061

**009 我的五个愿望，生命中的最后选择——关于"生前预嘱"你应该知道的那些事儿 / 065**

**常见问题解答 / 066**

问　什么是生前预嘱？/ 066

问　生前预嘱是安乐死吗？/ 066

问　什么是安宁疗护？/ 066

问　生前预嘱在我国出现很久了吗？/ 067

问　"我的五个愿望"的具体内容是什么？/ 067

问　在这个网站上签订的生前预嘱效力如何？/ 067

问　我国是否有相关法律法规出台？/ 068

问　什么是意定监护？/ 069

问　如何通过意定监护的方式来确认自己的监护人？/ 069

问　意定监护和生前预嘱有什么关联？/ 069

# Part THREE

**第三编 房产、物业**

**010 民法典背景下抵押权规则的变化问题 / 075**

常见问题解答 / 076

问 浮动抵押财产确定时点前移的原因是什么？/ 076

问 抵押不破租赁规则的适用发生什么变化？有什么影响？/ 076

问 办理抵押登记需要注意什么？/ 077

问 《民法典》中还有哪些有关抵押权的规定是需要我们特别关注？/ 077

问 新规则下，购房消费者优先权具体要符合什么条件？/ 078

**011 透视住宅小区车位常见纠纷裁判规则 / 082**

常见问题解答 / 083

问 住宅小区车位常见纠纷有哪些？/ 083

问 住宅小区停车位有哪些基本分类？/ 083

问 地面、地下、架空层三种停车位，各自的权属如何界定？对此《民法典》作了哪些规定？/ 083

问 司法实践中对建筑区划内，规划用于停放汽车的车位、车库的归属在出售、附赠或者出租时发生争议的案件，法院如何审查？/ 084

问 利用建筑区划内的道路或绿地修建的地面车位使用权属于开发商还是业主？/ 085

问 地下车位可以安装新能源汽车充电桩吗？/ 085

问 小区物业公司与业主委员会可以将公共道路及绿化带改成停车位吗？/ 086

问 如果购买的产权车位尺寸"缩水"，可以起诉开发商返还车位款吗？/ 087

问 购买住宅小区车位，需要注意什么？/ 087

## 012 业主撤销权，你主张对了吗？/ 091

常见问题解答 / 092

问 何为业主撤销权？/ 092

问 业主撤销权中的业主主要是指哪些人？/ 092

问 业主的合法权益如何理解？/ 093

问 如何判断业主大会或业主委员会的决议是否违反程序规定？/ 093

问 如何审查征求业主意见的过程是否合法合规？/ 094

问 业主委员会以全体业委会委员会议讨论的形式作出出租地下车库公共位置的决定，小区业主能否要求撤销该决定？/ 094

问 如果业主在业主大会上就表决的事项投赞成票，该业主还能以合法权益受损而行使撤销权吗？/ 094

问 投赞成票的业主，能否以决议侵害其程序性利益或违反法定程序为由要求撤销决议？/ 095

问 哪些主体可作为业主撤销权的被告，物业公司能否作为业主撤销权的被告？/ 095

问　业主如果发现业主委员会签署的物业服务合同中有内容损害业主合法权益,是否可以撤销该物业服务合同中的内容? / 096

问　业主撤销权是否有期限限制? / 096

问　如何判断"知道或应当知道"业主大会或者业主委员会作出决定之日? / 096

## 013　解读"容易被忽视的业主权利——知情权" / 100

**常见问题解答** / 101

问　何为业主知情权? / 101

问　业主具体对哪些事项可以行使知情权? / 101

问　什么是建筑物及其附属设施的维修资金?为何业主可以请求公布、查阅该材料? / 102

问　为何业主可以查阅管理规约、业主大会议事规则以及业主大会或者业主委员会的决定及会议记录? / 102

问　应该怎么理解业主对"建筑区划内规划用于停放汽车的车位、车库的处分情况"的知情权? / 103

问　业主具体可以向谁主张知情权? / 103

问　公共维修资金的使用情况,业主可向谁提出查阅的要求? / 103

问　其他如管理规约、共有部分的使用和收益情况等,业主该向谁提出公开或查阅的主张? / 104

问　对于业主行使知情权的方式,法律规定有什么特别的规定? / 104

**014　"悬在城市上空的痛"——"高空抛物"的法律责任承担 / 108**

**常见问题解答 / 109**

问　高空抛物行为人应当承担什么责任？/ 109

问　高空抛物的受害人是否有可能承担责任？/ 109

问　如何认定高空抛物达到"情节严重"？/ 110

问　侵权人不明，如何分担损失？/ 111

问　除侵权人或可能实施高空抛物行为的人承担责任外，是否还有其他主体可能需承担责任？/ 111

问　除物业公司要加强管理外，是否有政府机关也需要承担相应的职责？/ 112

**015　如何应对噪声污染？/ 116**

**常见问题解答 / 117**

问　何谓法律意义上的噪声？/ 117

问　刺耳尖锐的鸟鸣声是否属于法律意义上的噪声？/ 117

问　噪声污染又指什么？为什么需要区分这两个概念？/ 117

问　《噪声污染防治法》颁布后，法律意义上的噪声污染范畴是否发生了变化？/ 118

问　排放噪声污染具体侵害的是什么权益，具体需要承担什么法律责任？/ 119

问　个人在哪些情形下会涉嫌违反《噪声污染防治法》？/ 120

问　遭遇了噪声或噪声污染后，应如何依法维护自身的合法权益？/ 120

# Part FOUR

## 第四编 劳动、劳务

**016** 解读公司调岗的相关法律问题 / 127

常见问题解答 / 128

问 如何判断用人单位作出的岗位调整是否合法？/ 128

问 司法实践中，何为"劳动者不能胜任工作"？/ 128

问 若用人单位的调岗事由不属于《劳动合同法》中规定的五种情形，是否就属于违法调岗，劳动者都可以拒绝？/ 129

问 劳动合同约定"公司可以根据生产经营的需要，对劳动者工作岗位、工作内容及工作地点进行调整"，该约定是否有效？/ 129

问 如果劳动者遭遇了用人单位不合法、不合理的调岗，如何维护自己的权益，可以提出怎样的诉求？/ 130

**017** 对性骚扰说"不"，《民法典》为你撑腰 / 134

常见问题解答 / 135

问 《民法典》对性骚扰行为及责任作出了哪些规定？/ 135

问 性骚扰行为所针对的受害人，是否仅指女性？/ 135

问 《民法典》对防治性骚扰的义务主体作出了哪些规定？/ 136

问 如何理解职场性骚扰行为中单位的防治义务？/ 136

问　针对校园性骚扰的防治工作,学校应承担哪些法定义务? / 136

问　一旦出现校园性骚扰行为,学校作为防治校园性骚扰的义务主体,应如何妥善应对? / 137

## 018　解读提供劳务者受害责任纠纷的相关法律问题 / 142

### 常见问题解答 / 143

问　什么是提供劳务者受害责任? / 143

问　提供劳务者受害纠纷中权利主体与责任主体的类型有哪些?除劳务者本人外,受害者家属有没有权利提起诉讼? / 143

问　对提供劳务者受害是实行过错责任还是无过错责任?与工伤相比,过错的认定有何不同? / 144

问　对实践中不存在劳动关系的劳动者因工作受伤的,如何处理?在救济中能按工伤标准赔偿吗? / 144

问　如果提供劳务者在提供劳务过程中仅是去用餐、上厕所而受害的,能否也认定为提供劳务的延伸,有权向接受劳务一方主张赔偿吗? / 145

问　保姆、育婴师、保洁员等家政人员在提供劳务时受伤,雇主是否应当承担赔偿责任? / 145

问　全包装修合同中,装修公司安排的工人在提供劳务过程中死亡的,业主是否应担责? / 146

# Part FIVE

**第五编 公司**

**019　有限公司股东需要对公司债务承担责任的九种常见情形** / 151

常见问题解答 / 152

问　当公司属于一人股东时,在什么情况下股东要对公司债务承担责任? / 152

问　如何理解"一人股东"? / 152

问　法律规定一人公司"股东不能证明自己的财产和公司的财产独立就要承担连带责任"的原因是什么? / 153

问　股东出资期限尚未届满时,股东依然要对公司债务承担补充赔偿责任的情形是什么? / 153

问　公司解散后,股东可能承担责任的三种情形是什么? / 154

问　公司人格被否认后,股东需要承担责任的三种情形是什么? / 154

问　如何理解"公司人格与股东人格混同"? / 155

**020　担任企业法定代表人的权责与风险** / 159

常见问题解答 / 160

问　法定代表人是法人吗?《民法典》是如何规定的? / 160

问　法定代表人一般是由公司什么职务的人员来担任? / 160

问　法定代表人是通过什么方式来担任的？/ 160

问　担任法定代表人除了职务范围上的限制，还有其他限制吗？/ 161

问　法定代表人在公司中具体是什么角色？享有什么权利？/ 161

问　法定代表人享有权利的同时需要承担哪些义务？/ 162

问　担任法定代表人具体存在什么法律风险，可能承担什么法律责任？/ 163

**021　创业者如何选择合适的组织形式？股东风险知多少？/ 167**

*常见问题解答 / 168*

问　创业的组织形式有哪些？《民法典》如何规定？/ 168

问　有限公司、合伙企业、个体工商户三种创业形式在法律层面上有什么不同？/ 168

问　有限公司的股东有哪些类型？/ 169

问　股权设置方面，股东应该注意什么？/ 170

问　股权设置有何技巧？/ 171

问　有限公司股东有哪些法律风险？/ 171

问　隐名股东可能存在哪些法律风险？/ 172

问　一人有限公司股东有哪些法律风险？/ 172

**022　谈谈公司注销以及背后的法律风险 / 175**

*常见问题解答 / 176*

问　什么是公司注销程序？/ 176

问　公司注销的一般基本程序有哪些？/ 176

问　公司有几种解散方式？/ 176

问　公司清算的主要内容是什么？清算时应该注意哪些方面？/ 177

问　适用简易注销流程的对象有哪些？/ 178

问　未经法定程序清算就注销公司,债权人想要维权有什么法律依据？/ 178

问　为了恶意逃避债务直接注销公司,哪些人需要承担法律后果？/ 178

问　作为公司的股东,在注销公司时应该关注哪些问题？/ 179

问　如果在公司注销后又产生新的债务,股东该如何处理？/ 180

**023　揭秘影视投资的套路 / 184**

常见问题解答 / 185

问　电影中的出品方、联合出品方、发行方等,谁是电影作品的著作权人？/ 185

问　影视项目投资有哪些类型？/ 186

问　影视投资项目通常涉及哪些文件及合同？/ 187

问　个人投资者遇到一个确实不错的影视项目,该如何"避坑"？/ 188

问　对于投资者而言,版权方面有哪些"避坑"指南？/ 189

**024　民法典时代企业合规的相关法律问题 / 192**

常见问题解答 / 193

问　什么是企业合规？/ 193

问　"合规不起诉"制度,是一项什么制度？/ 193

问　在《民法典》时代,企业如何做到个人信息保护的合规？/ 194

问　企业如何建立合规体系？/ 195

**025** 商业经营中的秘密是否都能称为"商业秘密"？/ 199

常见问题解答 / 200

问 客户名单算不算商业秘密？/ 200

问 员工离职带走客户是否属于侵犯商业秘密行为？/ 200

问 在商业秘密诉讼中，企业是不是要把所有机密文件都提交给法院？/ 201

问 侵犯商业秘密会不会被判刑？/ 202

# Part SIX
## 第六编 知识产权

**026** 聊聊身边的不正当竞争行为 / 209

常见问题解答 / 210

问 什么是不正当竞争？/ 210

问 不正当竞争的表现形式有哪些？/ 210

问 实施了不正当竞争行为会有哪些法律后果？/ 211

问 遇到不正当竞争行为，消费者、经营者如何维权？/ 211

问 有些商品名称、装潢就是商标，为什么不用《商标法》来保护？/ 212

问 在电脑中安装了某程序，如果安装了该程序后，电脑上就不能运行该程序的竞品，这样做违法吗？/ 212

**027　注册商标那些事儿** / 216

　　常见问题解答 / 217

　　　问　我国注册商标的类型有哪些？/ 217

　　　问　我国注册商标有哪些表现形式？/ 217

　　　问　哪些情形商标注册申请将被驳回？/ 218

　　　问　除商标内容违法之外,还有哪些情形将影响商标注册？/ 218

　　　问　一些商家为了蹭热度,以名人姓名作为商标进行注册,这种行为合法吗？/ 220

　　　问　商标注册的大致流程如何,需要多长时间？/ 221

**028　商业经营中的商标侵权及保护** / 224

　　常见问题解答 / 225

　　　问　什么行为属于法律中规定的商标侵权？/ 225

　　　问　商标侵权的高发领域主要集中在哪些领域？/ 225

　　　问　如何有效维护自身商标权益？/ 225

　　　问　商标被抢注该怎么办？/ 226

　　　问　商标被侵权之后,该如何处理？/ 226

　　　问　商标抢注人是否能起诉原有商标使用人商标侵权？/ 227

　　　问　商标侵权的索赔金额是多少？/ 227

　　　问　侵犯商标权是否会涉及刑事程序？/ 228

**029　"专利"是一种什么样的"专有权利"？/ 231**

常见问题解答 / 232

问　一件专利要获得授权应当满足哪些条件？/ 232

问　如果公众购买专利产品之后再转售给他人，会不会构成侵犯专利权？/ 233

问　专利侵权和假冒专利有什么区别？/ 233

问　发表论文是否会影响专利的申请？/ 234

**030　著作权侵权也许就在我们身边 / 238**

常见问题解答 / 239

问　什么是著作权，与版权有何区别？/ 239

问　著作权侵权有什么特点，与一般民事侵权行为是否不同？/ 239

问　有哪些常见的著作权侵权行为？/ 240

问　作为普通民众如何避免著作权侵权？/ 240

问　除合理使用外，法律还有哪些著作权限制规定？/ 241

问　对于企业而言，在经营、宣传过程中应当注意哪些要点，防止著作权侵权风险？/ 242

**031　广告侵权中的那些著作权问题 / 246**

常见问题解答 / 247

问　奥迪公司发布"小满"广告是否涉嫌著作权侵权？/ 247

问　"北大满哥"对小满节气的独特解读是以口头的方式在直播间表达出来的，是否属于口述作品？/ 247

问 奥迪公司"小满"广告事件中,其作为广告主是否应当承担侵权责任? / 248

问 广告制作公司是否应当承担侵权责任? / 249

问 广告代言人是否应当承担侵权责任? / 249

问 奥迪"小满"广告在抖音、腾讯等互联网平台上广泛传播,互联网平台是否会因此承担侵权责任? / 249

# Part SEVEN
## 第七编 合同

**032 民间借贷中的利息相关法律问题** / 255

**常见问题解答** / 256

问 什么是民间借贷? / 256

问 "砍头息"合法吗? / 256

问 约定利息,有何限制? / 256

问 未约定利息,借款人却自愿支付,在支付后是否能要求返还? / 257

问 未约定借期内利息,出借人起诉时可以主张吗? / 258

问 "逾期利息",法律上如何规定? / 259

问 借贷双方既约定了逾期利息,又约定了违约金的,出借人在起诉时可以既要求逾期利息又要求违约金吗? / 259

问 利息与本金,偿还顺序如何? / 260

问　对支付利息的期限有什么规定？/ 260

## 033　《民法典》中债权人撤销权制度的相关法律问题 / 264
**常见问题解答** / 265

问　什么是债权人撤销权？/ 265

问　撤销的债务人的行为种类？/ 265

问　债务人无偿和有偿处分财产行为的区别？/ 265

问　债权人撤销权的撤销规则？/ 266

问　债权人撤销权的行使效果？/ 267

问　如何行使债权人撤销权？/ 267

问　债权人撤销权制度的意义？/ 268

## 034　建设工程施工合同纠纷中先予执行制度的法律适用 / 272
**常见问题解答** / 273

问　什么是先予执行制度？/ 273

问　什么情况下可以申请先予执行？/ 273

问　申请先予执行有什么条件？/ 273

问　建设工程施工合同纠纷中哪些情况可以适用先予执行？/ 274

问　权利义务关系明确的审核标准是什么？/ 274

问　什么是"明确的"诉讼请求？/ 275

问　不服法院作出的先予执行裁定该如何救济？/ 275

问　先予执行错误应该如何处理？/ 276

# Part EIGHT
## 第八编 其他侵权

**035** 谈谈民法典时代侵权责任法律问题 / 281

常见问题解答 / 282

问 《民法典》对侵权责任的规定有什么变化？/ 282

问 什么是自甘风险规则？/ 282

问 日常生活中，与家人、朋友聚餐时，免不了一起喝点小酒，若酒后发生意外，同桌其他人是否应当承担责任？/ 284

问 共同饮酒在什么情况下需要承担责任？/ 285

问 如何有效避免同桌饮酒侵权责任的发生？/ 285

问 什么是好意同乘规则？/ 286

**036** 《民法典》中的产品责任规定与网络消费纠纷新规相关内容 / 290

常见问题解答 / 291

问 网络购物、网络消费已经成为我们日常消费很重要的一种方式，网络消费纠纷新规，"新"在哪里？/ 291

问 直播消费引起的纠纷，"新规"中具体的规定有哪些？/ 291

问 直播带货的商品出现质量问题，主播需要承担责任吗？/ 292

问 如果在直播购物中买到的商品有问题，消费者应该怎么维权？/ 292

问 《民法典》如何规定产品责任？/ 293

问 什么是欺诈性消费？/ 293

问 什么是惩罚性赔偿？/ 294

问 根据《消费者权益保护法》的规定，适用"三倍"惩罚性赔偿的情形指什么？/ 295

问 什么情况下适用"二倍以下"惩罚性赔偿？/ 295

## 037 萌宠伤人谁担责？/ 299

常见问题解答 / 300

问 法条中的"饲养"应如何理解？/ 300

问 被遗弃的宠物致人受伤，原主人需要承担责任吗？/ 300

问 是否只有动物的主人才需要承担侵权责任？/ 300

问 管理人为什么需要承担责任？/ 301

问 动物侵权的构成要件？/ 301

问 如何理解因果关系中的"介入因素"？/ 302

问 符合前述三个要件，被侵权人是否可以主张赔偿？/ 302

## 038 《民法典》中的好意施惠 / 306

常见问题解答 / 307

问 什么是好意施惠？/ 307

问 生活中常见的好意施惠有哪些情形？/ 307

问 从法律上分析，好意施惠具有哪些特点？/ 307

问 日常生活中如何认定好意施惠行为？/ 308

问 好意施惠情形下产生损失，责任如何承担？/ 308

**039　网络世界并非法外之地** / 313

常见问题解答 / 314

问　网络侵权包括哪些情形？ / 314

问　网络侵权的界限如何划定？ / 314

问　"上海女孩和叮咚骑手"的事件是否属于网络暴力的一种？ / 314

问　遭遇网络暴力，应如何维权？ / 315

问　主播诱导未成年人刷卡给主播打赏的行为是否属于侵权行为？ / 316

**040　公众号推文使用"网红"表情包，侵权吗？** / 320

常见问题解答 / 321

问　表情包是否属于"作品"？是否受《著作权法》的保护？ / 321

问　常用的表情包有哪些类型？日常生活中随意使用表情包，可能会侵害作者的哪些权利？ / 321

问　微信公众号发布的文章使用了某些"网红"表情包，这会侵害著作权人哪些权利？ / 322

问　侵犯著作权要承担什么样的法律责任？ / 323

问　日常生活中，可以不经著作权人许可在聊天中使用表情包吗？ / 323

问　制作、使用真人表情包可能侵犯他人哪些权利？ / 324

# Part One

第一编 综合

1

## 001

# 当《民法典》遇到《宪法》——《宪法》离我们的生活很远吗?

🎙 FM99.6 厦门综合广播《新闻招手停》第 79 期

主持人:*海蕾*

主讲人:*刘福来律师、柳冰玲律师*

### 热点问题发现

1. "宪法日"从何而来?
2. 《宪法》离我们很远吗?
3. 《宪法》与《民法典》如何对话?
4. 实务案件中会用到《宪法》吗?

## 常见问题解答

**问** "宪法日"从何而来?

**答** 2014年,党的十八届四中全会审议通过《中共中央关于全面推进依法治国若干重大问题的决定》,提出将每年12月4日定为国家宪法日。同年11月1日,第十二届全国人民代表大会常务委员会第十一次会议通过《关于设立国家宪法日的决定》,以立法形式把12月4日设立为国家宪法日。"国家宪法日"是以纪念现行宪法为主题的法定纪念日,设立"国家宪法日",其目的不仅在于纪念现行宪法的诞生,亦在于培养社会公众崇尚宪法、遵守宪法的意识,使这一天成为宪法的"教育日、普及日、深化日",从而有助于扩大宪法实施的群众基础和社会基础、发扬中华民族的宪法文化、形成举国上下尊重宪法、用宪法维护人民权益的社会氛围,强化国家的"文化软实力"、在国际社会树立尊重宪法的良好形象、扩大中国宪法的国际影响。

**问**《宪法》离我们很远吗?

**答** 事实上,《宪法》不仅离我们不远,可以说,《宪法》就在我们的日常生活里。比如,从我们出生那一刻起,我们作为独立个体,《宪法》就在保护我们。因为《宪法》第33条规定:"中华人民共和国公民在法律面前一律平等。国家尊重和保障人权。"第49条规定:"父母有抚养教育未成年子女的义务……禁止虐待老人、妇女和儿童。"等我们到了上学的年龄,《宪法》也在保护我们。因为《宪法》第46条规定:"中华人民共和国公民有受教育的权利和义务。国家培养青年、少年、儿童在品德、智力、体质等方面全面发展。"等我们到了18岁,迎来了重要的选举和被选举的权利。因为《宪法》第34条规定:"中华人民共和国年满十八周岁的公民,不分民族、种族、性别、职业、家庭出身、宗教信仰、教育程度、财产状况、居住期限,都有选举权和被选举权;但是依照法律被剥夺政治权利的人除外。"等我们开始求职,《宪法》也为我们保驾护航。因为《宪法》第42条第1款规定:"中华人民共和国公民有劳动的权利和义务。"第43条第1款规定:"中华人民共和国劳动者有休息的权利。"第48条规定:"中华人民共和国妇女在政治的、经济的、文化的、社会的和家庭的生活等各方面享有同男子平等的权利。国家保护妇女的权利和利益,实行男女同工同酬,培养和选拔妇女干部。"等我们通过工作为自己积累了财富、拥有了公民个人私有财产,《宪法》也在保护我们。因为《宪法》第13条第1款规定:"公民的合法的私有财产不受侵犯。"第39条规定:"中华人民共和国公民的住宅不受侵犯。"到了退休年龄,《宪法》依然保障我们的权利。因为《宪法》第44条规定:"国家依照法律规定实行企业事业组织的职工和国家机关工作人员的退休制度。退休人员的生活受到国家和社会的保障。"第45条第1款规定:"中华人民共和国公民在年老、疾病或者丧失劳动能力的情况下,有从国家和社会获得物质帮助的权利。国家发展为公民享受这些权利所需要的社会保险、社会救济和医疗卫生事业。"因此，人的一生从出生到死亡、于人生中的各个阶段，《宪法》无时无刻不在发挥其功能和价值。

**问** 《宪法》与《民法典》如何对话？

**答** 《宪法》与《民法典》具有非常紧密的关联，与我们的生活息息相关：第一，《宪法》是国家根本大法。《民法典》第1条明确规定，"为了保护民事主体的合法权益，调整民事关系，维护社会和经济秩序，适应中国特色社会主义发展要求，弘扬社会主义核心价值观，根据宪法，制定本法"。因此，《民法典》是以《宪法》为依据制定的，《宪法》是《民法典》的母法。第二，《宪法》和《民法典》都强调以人为本。《宪法》规定一个公民拥有丰富的基本权利，包括政治权利和政治自由、人身权、宗教信仰自由、财产权、社会经济类的权利、文化教育权、批评监督权和获得国家救济等权利，以上诸项权利，在《民法典》中都能找到相对应的权利保护法律条款。

**问** 实务案件中会用到《宪法》吗？

**答** 实践中，这种案件并不少见。例如，2018年，福建省厦门市思明区人民法院审理了一件遗弃罪的刑事案件，被告人将自己刚出生的儿子遗弃，被法院判处遗弃罪，处有期徒刑1年，缓刑1年。法院所援引的就是《宪法》第33条规定"凡具有中华人民共和国国籍的人都是中华人民共和国公民。中华人民共和国公民在法律面前一律平等。国家尊重和保障人权"以及第49条第3款规定"父母有抚养教育未成年子女的义务,成年子女有赡养扶助父母的义务"。2019年,福建省泉州市鲤城区人民法院也审理了一件侵权责任纠纷的案件,该案件的原告已经取得了房屋所有权,两被告却拒绝搬离,法院判决两被告搬离房屋,返还给原告。鲤城区人民法院所援引的法律依据是《宪法》第39条规定,"中华人民共和国公民的住宅不受侵犯。禁止非法搜查或者非法侵入公民的住宅"。

## 典型案例分析

**以案说法为纠纷处理提供具体的参考**

案件名称:邓某某诉某速递公司、某劳务公司一般人格权纠纷

案号:(2016)京××民终195号

审理法院:北京市第三中级人民法院

案例来源:最高人民法院2016年发布十起弘扬社会主义核心价值观典型案例之案例九

**基本案情** 某速递公司、某劳务公司在已经答应录用原告的情况下,又以原告是女性为由拒绝聘用。但原告所应聘的快递员一职并不是女性禁止从事的行业,因此,原告起诉,请求人民法院判令该公司赔偿精神

抚慰金。

**法院观点** 本案中，应聘者通过搜集证据形成证据链，能够证明某速递公司在已表明愿为其提供担任快递员机会并签约的情形下，又予以反悔，拒绝录用应聘者，构成就业性别歧视。在招聘单位仅以性别原因拒绝录用应聘者的情况下，招聘单位就构成了侵权，对由此给应聘者造成的直接经济损失应予以赔偿，同时招聘单位的拒录行为客观上也给应聘者造成了一定的精神损害，对于应聘者主张的精神损害抚慰金可根据招聘单位的过错程度以及对应聘者造成的损害后果酌情确定。对实施就业性别歧视的单位通过判决使其承担民事责任，不仅是对全体劳动者的保护，营造平等、和谐的就业环境，更是对企图实施就业性别歧视的单位予以威慑，让平等就业的法律法规落到实处，起到规范、引导的良好作用。

**裁判结果** （1）某速递公司于本判决生效之日起7日内赔偿邓某某入职体检费120元、精神损害抚慰金2000元、鉴定费6450元；（2）驳回邓某某的其他诉讼请求。宣判后，邓某某及某速递公司向北京市第三中级人民法院提起上诉，北京市第三中级人民法院于2016年2月23日作出判决：驳回上诉，维持原判。

**律师分析** 本案中，法院支持了原告的诉求，判决书中所援引的法律依据便是《宪法》第48条规定，"中华人民共和国妇女在政治的、经济的、文化的、社会的和家庭的生活等各方面享有同男子平等的权利。国家保护妇女的权利和利益,实行男女同工同酬,培养和选拔妇女干部"。

实行男女平等是国家的基本国策。《宪法》《妇女权益保障法》均规定妇女在政治、经济等各方面享有同男性平等的权利,而《劳动法》等进一步具体规定劳动者就业,不因民族、种族、性别、宗教信仰不同而受歧视;在录用职工时,除国家规定的不适合妇女的工种或者岗位外,不得以性别为由拒绝录用妇女或者提高对妇女的录用标准。但现实生活中,考虑到女性特殊的生理性原因(如生育、哺乳、养育幼儿等),招聘单位拒绝录用女性的现象仍然存在。本案的意义系通过判决形式强调《宪法》对男女平等权利的规定,有助于营造平等、和谐的就业环境,使劳动者敢于通过合法途径维护自身平等就业的法律权利。

## 002

# 民法典时代法律保护也有"有效期"

🎙 FM99.6厦门综合广播《新闻招手停》第71期

主持人：海蕾

主讲人：吴茹兰律师、林以燕律师

**热点问题发现**

1. 什么是诉讼时效？
2. 诉讼时效届满的法律后果是什么？
3. 什么情况发生诉讼时效的中断和中止？

## 常见问题解答 🔊

**问** 什么是诉讼时效？

**答** "法律不保护躺在权利上睡觉的人。"限于司法资源的有限性，对于权利的保护不可能是无期限的，为了督促权利人积极主张行使权利，就有了诉讼时效的规定。债权人在法律保护的有效期内不行使权利，义务人就有权提出拒绝履行的抗辩。在这种情况下，权利就有可能无法得到法律的保护。

**问** 如何理解诉讼时效的积极作用？

**答** 例如，甲某和乙某签订一份买卖合同，由甲某向乙某购买一本书，那么，甲某的义务就是支付书的价款，从而有权要求乙某给甲某一本书。相对而言，乙某的义务就是把书给甲某，同时有权向甲某收取书的价款。这是对应的关系。但是，如果乙某把书籍给甲某之后，甲某拒绝向乙某支付价款，这种情况下显而易见，乙某可以要求甲某支付价款，也可以要求甲某返还书籍，法律赋予乙某选择不同的方式来救济受损的权利。而在乙某作出选择之前，甲某不知道乙某会要求其付款还是还书，甚至还有可能乙某放弃追究甲某的法律责任。在乙某明确地向甲某主张权利之前，双方之间的秩序是不确定的。这种情况下，法律就规定乙某虽然享有选择的权利，但是必须在诉讼时效期间向甲某主张；一旦超过时效，甲某可以拒绝向乙某付款或还书，这就是在诉讼时效制度下形成的一种新的稳定的秩序。

**问** 《民法典》对诉讼时效的具体规定是什么？

**答** 《民法典》第 188 条规定："向人民法院请求保护民事权利的诉讼时效期间为三年。法律另有规定的，依照其规定。诉讼时效期间自权利人知道或者应当知道权利受到损害以及义务人之日起计算。法律另有规定的，依照其规定。但是自权利受到损害之日起超过二十年的，人民法院不予保护；有特殊情况的，人民法院可以根据权利人的申请决定延长。"

**问** "法律另有规定的，依照其规定"中的"另有规定"指什么？

**答** 诉讼时效期间分为三类：第一类是 3 年普通诉讼时效期间。第二类是特别诉讼时效期间，主要是指《民法典》及其他民事特别法规定的适用于某些民事法律关系、不同于普通诉讼时效期间的特定时效期间，根据特别法优先于普通法的原理，特别时效优先于普通时效适用。例如，《民法典》第 594 条规定："因国际货物买卖合同和技术进出口合同争议提起诉讼或者申请仲裁的时效期间为四年。"第三类是 20 年的最长诉讼时效期间，不适用诉讼时效中断、中止规定的时效期间。

**问** 诉讼时效的起算时间如何确定？

**答** 普通诉讼时效期间和特别诉讼时效期间自权利人知道或应当知道权利遭受侵害和义务人之日起计算。比如，借款双方之间的借款期限到期,但借款方并没有按期足额的归还借款,这时出借人的债权已然受到侵害;这两种诉讼时效也被称为主观诉讼时效期间,即在主观上知道了自身权利受损。最长诉讼时效期间自权利受到损害之日起计算,不以主观上有没有认识到这种损害为判断依据,因此也被称为客观诉讼时效期间。

**问 诉讼时效届满是否等同于权利消灭?**

**答** 诉讼时效抗辩必须由义务人提出,在义务人没有主张时效抗辩的情况下,法院不能主动依职权提出诉讼时效届满的问题。例如,义务人提出,权利人要求法律保护已经过了有效期,法律不应当继续保护过期的权利主张。但是在诉讼时效届满后,如果义务人同意履行,就构成以明示形式放弃时效抗辩的行为,在此情况下,义务人即不能再以诉讼时效已经届满,要求权利人返还已偿义务。

**问 义务人是否可以恶意拖延履行时间,后以诉讼时效届满进行抗辩?**

**答**《民法典》第195条规定:"有下列情形之一的,诉讼时效中断,从中断、有关程序终结时起,诉讼时效期间重新计算:(一)权利人向义务人提出履行请求;(二)义务人同意履行义务;(三)权利人提起诉讼或者申请仲裁;(四)与提起诉讼或者申请仲裁具有同等效力的其他情形。"例如,在3年时效期间内,权利人向义务人发出履行义务通知,诉讼时效在履行请求的通知生效时发生中断,诉讼时效亦产生重新计算的法律效果。

**问** 权利人在诉讼时效内因客观原因无法主张权利,如何处理?

**答**《民法典》第 194 条规定:"在诉讼时效期间的最后六个月内,因下列障碍,不能行使请求权的,诉讼时效中止:(一)不可抗力;(二)无民事行为能力人或者限制民事行为能力人没有法定代理人,或者法定代理人死亡、丧失民事行为能力、丧失代理权;(三)继承开始后未确定继承人或者遗产管理人;(四)权利人被义务人或者其他人控制;(五)其他导致权利人不能行使请求权的障碍。自中止时效的原因消除之日起满六个月,诉讼时效期间届满。"例如,权利人在 2 年 8 个月时,因为疫情原因被隔离 3 个月,隔离前时效还剩 4 个月,解除隔离后只剩 1 个月了。但新冠肺炎患者、疑似病人或者被依法隔离人员以及其他确因疫情影响不能及时行使民事请求权的,法律上可能认定为不可抗力,构成《民法典》规定的诉讼时效中止的情形,故可在不可抗力事由消失后重新计算 6 个月的时效期间。

## 典型案例分析

以案说法为纠纷处理提供具体的参考

案件名称：王某与刘某民间借贷纠纷

案号：(2021)京03民终6275号

审理法院：北京市第三中级人民法院

案例来源：中国裁判文书网

**基本案情** 王某持有刘某出具的3张借条及欠条，于2020年12月24日诉至法院，要求刘某偿还借款及利息。其中1996年3月20日的欠条载明：今欠人民币贰万元整，注：每月按25‰付利息。1996年4月7日的借条载明：今借人民币壹万元整，每月按2.5%付利息。1997年1月27日的借条载明：借个人贷款陆仟元整，利息每月150元，方某经销部。上述借条及欠条的借款人落款处均有刘某本人签名。庭审中双方均认可刘某最后一次支付利息的时间是1997年9月，实际核算利息总额支付至1997年5月底，之后王某未再找刘某主张还款。

**法院观点** 根据王某关于是否向刘某主张权利的表述，截至本案起诉之日，已经超过法律规定的最长诉讼时效——20年。故王某超出诉讼时效期间要求刘某返还借款的主张缺乏法律依据，法院不予支持。

**裁判结果** 驳回王某的诉讼请求。

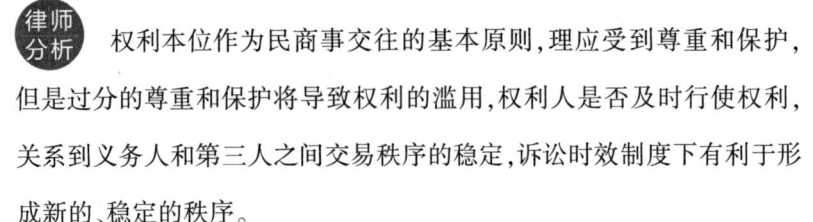

**律师分析** 权利本位作为民商事交往的基本原则，理应受到尊重和保护，但是过分的尊重和保护将导致权利的滥用，权利人是否及时行使权利，关系到义务人和第三人之间交易秩序的稳定，诉讼时效制度下有利于形成新的、稳定的秩序。

《民法典》对于诉讼时效的规定概括为：第一，当事人向人民法院请求保护民事权利的诉讼时效期间为3年。法律另有规定的，依照其规定。第二，诉讼时效期间自权利人知道或者应当知道权利受到损害以及义务人之日起计算。法律另有规定的，依照其规定。第三，自权利受到损害之日起超过20年的，人民法院不予保护；有特殊情况的，人民法院可以根据权利人的申请决定延长。第四，诉讼时效期间届满的，义务人可以提出不履行义务的抗辩。诉讼时效抗辩必须由义务人提出，在义务人没有主张时效抗辩的情况下，法院不能主动依职权提出诉讼时效届满的问题。

本案中，王某的诉求未能获得法院支持的关键在于，王某未在法定诉讼时效内向刘某主张权利。王某依据1996年、1997年的3张借条及欠条，主张其与刘某存在民间借贷债权纠纷。双方均认可刘某于1997年6月开始不再支付利息，刘某称其在1997年6月告知王某借款已经通过以货顶账的方式清偿，且明确告知王某其不再偿还借款，则王某应当知道其权利受到损害之时为1997年6月,其间,王某亦未向刘某主张该权利以达到中断诉讼时效的效果。王某于2020年起诉,已经超过了法律规定的最长诉讼时效。本案中,刘某明确提出诉讼时效抗辩,表示不同意王某的诉讼请求,故王某的诉讼请求无法获得法院支持。

## 003

## 《民法典》颁布两周年透视各地民法典经典案例

🎙 FM99.6厦门综合广播《新闻招手停》第53期

主持人：海蕾

主讲人：李志鹏律师、方凡佳律师

### 热点问题发现

1. 总则："公职监护"护航未成年人。
2. 物权："居住权"保障弱势群体权益。
3. 合同：第三人代为履行新规的适用。
4. 人格权：保护肖像权，维护网络秩序。
5. 婚家继承：遗产管理人解决祖宅管养问题。

### 常见问题解答 🔊

**问** 今天首先要分享的案例是什么？

**答** 今天第一个案例与总则编相关，案情如下：未成年人吴某先天智力残疾，其被收养后养父母分别于2012年和2014年因病去世。养祖母年事已高且疾病缠身，外祖父母也是如此。自2018年起养祖母多次向街道和区民政局申请将吴某送往儿童福利机构养育、照料。广州市黄埔区民政局依照《民法典》相关规定向人民法院申请变更吴某的监护人为民政部门，广州市黄埔区人民检察院出庭支持民政部门的变更申请。最终法院依据《民法典》第32条"没有依法具有监护资格的人的，监护人由民政部门担任，也可以由具备履行监护职责条件的被监护人住所地的居民委员会、村民委员会担任"，将吴某的监护人变更为广州市黄埔区民政局。

**问** 能否再次分享"居住权"的第一案？

**答** "居住权"第一案已被最高人民法院收录为第一批《民法典》典型案例。该案中，男方邱某光与女方董某峰于2006年登记结婚，婚后双方未生育子女。2016年3月董某峰去世，其生前立下遗嘱："我名下位于某处的某房遗赠给我弟弟董某军，在我丈夫邱某光没再婚前拥有居住权，此房是我毕生心血，不许分割、不许转让、不许卖出……"董某峰去世后，董某军与邱某光因为遗嘱纠纷诉至法院。法院判决董某军为房屋所有权人,邱某光再婚前享有该房屋的居住权。2021年,邱某光偶然发现房屋被董某军挂出,准备出售。于是邱某光赶紧向法院申请强制执行居住权。法院最终依据《民法典》第368条"设立居住权的,应当向登记机构申请居住权登记。居住权自登记时设立"的规定,裁定将案涉房屋的居住权登记在邱某光名下。执行法院依照《民法典》规定的居住权登记制度,向不动产登记机构发出协助执行通知书,为邱某光办理了居住权登记,最大限度地保障了弱势群体的居住权益。

**问** 能否介绍一下有关"合同"的典型案例?

**答** 一个运输合同纠纷案,法院适用了一条《民法典》新增的立法条文,即第524条"第三人代为履行"制度。2020年,某物流公司与吴某签订《货物运输合同》,约定该公司在郑州的运输业务由吴某承接,还约定调运车辆、雇用运输司机的费用由吴某结算,与物流公司无关。该物流公司与吴某之间实际已结清大部分运费,但吴某未及时向承运司机结清相关费用。2020年11月,承运司机在承运时扣留了货物。基于运输货物的时效性,物流公司向承运司机垫付了吴某欠付的46万元,吴某当时对此无异议。后吴某仅向物流公司支付了6万元,于是物流公司提起诉讼,追偿余款。法院认为物流公司与吴某存在运输合同关系。在吴某未及时向承运司机结清费用,致使货物被扣留时,物流公司对该债务具有合法利益,有权代吴某向承运司机履行。在物流公司代为履行后,承运司机对吴某的债权即转让给了该公司。因此根据《民法典》第524条的规定,判决支持物流公司要求吴某支付剩余运费的请求。"第三人代为履行"的目的就是最大限度保护合同以外第三人的合法权益。

**问** 《民法典》将"人格权"独立成编,能否再介绍一下?

**答** 我们通过案例的形式让大家更加直观地感受《民法典》人格权编对日常生活的影响。2021年7月7日,杜某峰发布了一条微博,内容为"日本地铁上的小乘客,一个人上学,那眼神里充满自信和勇气,太可爱了",并附上一张楼某熙乘坐杭州地铁时的照片。第二天,楼某熙的母亲发帖辟谣:"我是地铁小女孩的妈妈,网传我家孩子是日本小孩!在此特别申明:我家孩子是我大中华儿女,并深深热爱着我们的祖国!"对此杜某峰不但不删除微博,还在该微博下继续发表贬低祖国和祖国文化的言论。于是双方以侵害肖像权为由对簿公堂。法院根据《民法典》第1019条第1款"任何组织或者个人不得以丑化、污损,或者利用信息技术手段伪造等方式侵害他人的肖像权。未经肖像权人同意,不得制作、使用、公开肖像权人的肖像,但是法律另有规定的除外"以及第1183条第1款"侵害自然人人身权益造成严重精神损害的,被侵权人有权请求精神损害赔偿"的规定,认为杜某峰发布微博中使用的图片含有小女孩的清晰面部、体貌状态等外部身体形象,通过比对楼某熙本人的肖像,以社会一般人的认知标准,能够清楚确认案涉微博中的肖像为楼某熙的形象,因此楼某熙对该图片的肖像享有肖像权。杜某峰在"七七事变"纪念日这一特殊时刻,枉顾客观事实,在众多网友留言指出其错误、楼某熙母亲发文辟谣的情况下,仍拒不删除案涉微博,还不断留言,此种行为严重损害了包括楼某熙在内的社会公众的国家认同感和民族自豪感,应认定为以造谣传播等方式歪曲使用楼某熙的肖像,严重侵害了楼某熙的肖像权。

**问** 我们接着聊《民法典》关于婚家继承方面的内容,今天有没有新的分享?

**答** 分享一下法院指定遗产管理人的相关规定,案例发生于厦门。被继承人魏姜氏,19世纪出生,育三女一子。四个继承人各自向下延续到第五代,但其中儿子一支没有任何可查信息,幼女一支散落海外情况不明,只有长女和次女两支的部分继承人还居住在国内。因为继承人无法穷尽查明,长女和次女的两支继承人历经了两代人、长达十年的继承诉讼,仍未能顺利实现继承析产。《民法典》实施后,长女一支继承人以欧某士为代表提出,可由生活在境内的可查明信息的两支继承人共同管理祖宅;次女一支的继承人则提出,遗产房屋不具有共同管理的条件,应由实际居住在境内且无其他住所的次女一支继承人中的陈某萍和陈某芬担任遗产管理人。最终,法院考虑到次女魏某燕一支在魏姜氏生前尽到了主要赡养义务,与产权人关系较为亲近,且历代长期居住在被继承房屋内,并曾主持危房改造,与该房屋有更深的历史情感联系,对周边人居环境更为熟悉,更有实际能力履行管养维护职责,更有能力清理遗产可能存在的债权债务;长女魏某静一支可查后人现均居住在漳州,客观上无法对房屋尽到充分、周到的管养维护责任。因此认定由魏某静一支继承人跨市管理案涉房屋暂不具备客观条件;魏某燕一支继承人能够协商支持由陈某萍、陈某芬共同管理案涉遗产房屋,符合遗产效用最大化原则。

> **典型案例分析**
>
> 以案说法为纠纷处理提供具体的参考
>
> 案件名称:广州市黄埔区民政局与陈某金申请变更监护人
>
> 审理法院:广州市黄埔区人民法院
>
> 案例来源:最高人民法院贯彻实施民法典典型案例【第一批】

**基本案情** 吴某,2010年10月28日出生,于2011年8月22日被收养。吴某为智力残疾三级,其养父母先后于2012年和2014年因病死亡,后由其养祖母陈某金作为监护人。除每月500余元农村养老保险及每年2000余元社区股份分红外,陈某金无其他经济收入来源,且陈某金年事已高并有疾病在身。吴某的外祖父母也年事已高亦无经济收入来源。自2018年起,陈某金多次向街道和区民政局申请将吴某送往儿童福利机构养育、照料。为妥善做好吴某的后期监护,广州市黄埔区民政局依照《民法典》相关规定向人民法院申请变更吴某的监护人为民政部门,广州市黄埔区人民检察院出庭支持民政部门的变更申请。

**法院观点** 被监护人吴某为未成年人,且智力残疾三级,养父母均已去世,陈某金作为吴某的养祖母,年事已高并有疾病在身,经济状况较差,已无能力抚养吴某。鉴于陈某金已不适宜继续承担吴某的监护职责,而吴某的外祖父母同样不具备监护能力,且陈某金同意将吴某的监护权变更给广州市黄埔区民政局,将吴某的监护人由陈某金变更为广州市黄埔区民政局不仅符合法律规定,还可以为吴某提供更好的生活、教育环境,更有利于吴某的健康成长。

**裁判结果** 自2021年7月23日起,吴某的监护人由陈某金变更为广州市黄埔区民政局。

**律师分析** 本案是人民法院、人民检察院和民政部门联动护航困境少年的典型范例。《民法典》和新修订的《未成年人保护法》完善了公职监护人制度,明确规定在没有依法具有监护资格的人时,由民政部门承担未成年人的监护责任。审理法院以判决形式确定由民政部门担任监护人,为民政部门规范适用相关法律履行公职监护职责提供了司法实践样本,推动《民法典》确立的以家庭、社会和国家为一体的多元监护格局落实落地。

# Part Two

## 第二编 婚姻、家庭、继承

# 2

## 004

# 从法律视角看《以家人之名》

🎙 FM99.6 厦门综合广播《新闻招手停》第 57 期

主持人：海蕾

主讲人：方凡佳律师、林培勋律师

### 热点问题发现

1. 收养关系如何成立？
2. 未被抚养是否也要赡养父母？
3.《家庭教育促进法》对父母、孩子影响是什么？

## 守护生活的民法典（二）

**常见问题解答** 🔊

**问** 看过《以家人之名》的朋友都知道，主人公贺子秋在年仅几岁的时候被亲生母亲遗弃在李海潮家中，此后就在李家生活了十几年，叫了李海潮十几年的"爸"。那么贺子秋和李海潮之间是否成立收养关系？

**答** 首先，《民法典》第1093条规定，三种未成年人可以被收养：一是丧失父母的孤儿；二是查找不到生父母的未成年人；三是生父母有特殊困难无力抚养的子女。其次，《民法典》第1098条规定，收养人应当具备五个条件：一是无子女或者只有一名子女；二是有抚养、教育和保护被收养人的能力；三是未患有在医学上认为不应当收养子女的疾病；四是无不利于被收养人健康成长的违法犯罪记录；五是年满30周岁。这两条是对收养人和被收养人进行的限制。此外，从程序上，《民法典》第1105条还规定，收养应当向县级以上人民政府民政部门登记，收养关系自登记之日起成立。李海潮符合《民法典》第1098条规定的五个收养条件，但贺子秋有生父母，如无法证实其是找不到生父母，或者生父母确实存在特殊困难无力抚养，则无法达成收养条件，进而无法办理收养登记。

**问** 《民法典》施行后的收养制度是否有变化？

**答** 首先，《民法典》删除了《收养法》中被收养人"十四周岁"的年龄限制。《民法典》放宽年龄限制，更加符合现代社会生活的实际，也有利于更多不幸失去父母的未成年人能够重新获得"父母"的关爱。其次，《民法典》对于收养人的条件,一方面从"无子女"放宽为"无子女或者只有一名子女",另一方面增加了"无不利于被收养人健康成长的违法犯罪记录",将违法犯罪人员排除在收养人范围之外,有利于保护被收养人的合法权益。此外,《民法典》在收养程序上还增加了民政部门收养评估程序,主要是为了保障被收养人未来生活环境的稳定和健康,在一定程度上可以避免养父母对养子女施以暴行等情况。

**问 未被抚养是否也要赡养父母?**

**答** 《民法典》第 26 条第 2 款规定,成年子女对父母负有赡养、扶助和保护的义务。第 1067 条第 2 款规定,成年子女不履行赡养义务的,缺乏劳动能力或者生活困难的父母,有要求成年子女给付赡养费的权利。从以上规定可以看出,赡养是一项法定义务,不因父母子女的约定而排除。除非子女自己完全丧失了赡养能力,否则赡养义务是不得免除的。中华民族向来有敬老、养老、助老的传统文化,赡养老人是中华民族的传统美德,也是子女对父母应尽的法定义务。在剧中,虽然贺子秋和亲生母亲对于赡养问题达成了一致意见,但是赡养义务是法定的,父母对子女的抚养并不是子女赡养父母的前提条件。因此贺子秋仍需赡养其亲生母亲。

**问 贺子秋长大后是否需要赡养李海潮?**

**答** 《民法典》第 1118 条第 1 款规定,收养关系解除后,经养父母抚养的成年养子女,对缺乏劳动能力又缺乏生活来源的养父母,应当给付生活费。在形成收养关系的养父母子女之间,即使解除了收养关系,也应履行相应的赡养义务。李海潮与贺子秋并未形成法律认可的养父子关系,所以在法律层面上,李海潮难以向贺子秋主张赡养义务的履行。如李海潮和贺子秋从一开始就办理了收养登记手续,依法成立收养关系,则李海潮即使和贺子秋解除收养关系,贺子秋也应给李海潮养老。

**问** 贺子秋的生父通过给李海潮 100 万元作为补偿来要回贺子秋的做法能否成立?

**答** 《民法典》第 1118 条第 2 款规定,生父母要求解除收养关系的,养父母可以要求生父母适当补偿收养期间支出的生活费和教育费。该条款虽仅适用于已经形成收养关系的情形,但剧中李海潮本无抚养义务,其基于良善所进行的抚养,更应当得到支持和补偿。因此,参照《民法典》第 1118 条的规定,李海潮可以向贺子秋的亲生父亲要求其承担抚养费。

**问** 是否有相关法律可保障未成年人在原生家庭中获得应有的陪伴、照顾和教育?

**答** 2021 年我国开始施行《家庭教育促进法》,这是我国家庭教育领域的第一部专门立法,从国家法律层面对家庭教育作出规定,进一步明确父母与子女间的关系不因父母离婚而消除,同时强调父母双方履行监护职责的平等性和共同性,对于全面保护未成年人健康成长具有重大而深远的意义。

**问**《家庭教育促进法》是否会影响父母在家庭教育中的自主性?

**答**《家庭教育促进法》并非要剥夺父母在家庭教育中的自主性,而是希望通过法律规定来指导父母更好地履行家庭教育义务。《家庭教育促进法》的"促进"二字,实际上是对家庭教育自主性的顺应和尊重,体现了家庭才是实施家庭教育的主体,国家、社会为家庭提供相应的支持和协助。当家庭教育遇到困难、遇到问题,甚至家庭教育出现严重失职的时候,国家才开始干预。

## 典型案例分析

**以案说法为纠纷处理提供具体的参考**

案件名称:廖某、钟某法定继承纠纷

案号:(2021)川15民终535号

审理法院:四川省宜宾市中级人民法院

案件来源:中国裁判文书网

**基本案情** 钟某与廖某系夫妻,二人婚后未生育子女。廖某亲姐姐育有三名子女,后因生活日益困难,无力同时抚养几名子女。于是廖某姐姐与廖某、钟某商量后,将其大女儿刘某交由廖某与钟某收养,并于1972年将刘某户口迁到与钟某、廖某一起,刘某也改名为钟小某。此后钟某、廖某与钟小某长期共同生活,之间以父女、母女相称呼,钟某、廖某抚养钟小某长大、念书及结婚成家。

后钟某于2018年去世,钟小某要求继承钟某的财产。而廖某认为收养钟小某时未办理收养手续,收养登记,双方不存在收养关系,钟小某无继承权。

**法院观点** 钟小某与钟某、廖某之间的领养、抚养行为发生于《中华人民共和国收养法》(1992年4月1日起施行)实施前,钟某、廖某具有较好的抚养条件,经廖某的亲姐姐请求后收养了三代以内同辈旁系血亲子女即钟小某,并办理了户籍迁移登记。钟某、廖某在收养钟某后,长期共同生活,以父女、母女相称,钟某、廖某也为钟小某提供了稳定的成长环境,保障了其合法权益,且该收养关系得到了周围同事、同学等亲朋好友的认可,虽未办理收养手续,但却已构成事实收养关系,不违反当时法律规定。且在公安机关的户籍登记上,户主为钟某,廖某与户主关系为"妻",钟小某与户主关系为"女",明确了钟小某、廖某和钟某之间的父母子女关系,应当确认收养关系成立。

**裁判结果** 驳回上诉,维持原判。

**律师分析** 本案中,钟某与廖某收养钟小某的收养行为发生在《收养法》实施之前,虽未办理任何收养手续,但根据《最高人民法院关于贯彻执行民事政策法律若干问题的意见》(1984年8月30日施行)第二十八条关于"亲友、群众公认,或有关组织证明确以养父母与养子女关系长期共同生活的,虽未办理合法手续,也应按收养关系对待"的规定,钟小某与钟某、廖某之间构成了事实收养关系,钟小某作为钟某的养子女,享有法定的继承权。

假如钟某与廖某收养钟小某的时间发生于2002年,亦即《中华人民共和国收养法》实施后,钟某收养钟小某但并未办理合法的收养手续,那么根据《中华人民共和国收养法》第十五条"收养应当向县级以上人民政府民政部门登记。收养关系自登记之日起成立……"的规定,钟某与钟小某并未成立收养关系。钟某去世后,则钟小某不享有养子女的法定继承权。

《民法典》施行后,《中华人民共和国收养法》已失效,有关收养方面的事项均适用《民法典》的规定。根据我国《民法典》的规定,成立收养关系,不仅要有实质上的条件,还需有形式上的要求。其中,实质条件为被收养人、送养人、收养人三方必须各自具备法律规定的条件,例如,收养人必须同时具备以下五个条件的才可收养未成年人:(1)无子女或者只有一名子女;(2)有抚养、教育和保护被收养人的能力;(3)未患有在医学上认为不应当收养子女的疾病;(4)无不利于被收养人健康成长的违法犯罪记录;(5)年满三十周岁。形式要件规定于《民法典》第一千一百零五条:"收养应当向县级以上人民政府民政部门登记。收养关系自登记之日起成立。"因此,只有具备实质要件和形式要件的,收养关系才能成立,在此情况下,养子女才享有法定继承权。

## 005

# 民法典背景下婚姻关系中的房产归属问题

🎤 FM99.6 厦门综合广播《新闻招手停》第 14 期

*主持人：海蕾*

*主讲人：周慧律师、吴钰枫律师*

### 热点问题发现

1. 婚前到底要不要买房？
2. 婚后买房，房子归谁？
3. 离婚后，房子归谁？
4. 父母出资的房产归属谁？

## 常见问题解答

**问 什么是夫妻财产制度?**

**答** 夫妻财产制,是指夫妻婚前财产和婚后所得财产的归属、管理、使用、收益、处分、夫妻债务的清偿、离婚时夫妻财产的清算和分割等方面的法律制度。《民法典》第1065条第1款规定:"男女双方可以约定婚姻关系存续期间所得的财产以及婚前财产归各自所有、共同所有或者部分各自所有、部分共同所有。约定应当采用书面形式。"而《民法典》第1062条和第1063条则规定了法定财产的具体内容。依据《民法典》的规定,除非夫妻双方另有约定或者法律另有规定,婚后所得的财产都属于夫妻共同财产,夫妻双方对于共有的财产,都能平等地占有、使用、收益和处分。

**问 婚前购房,房产如何归属?**

**答** 根据《最高人民法院关于适用〈中华人民共和国民法典〉婚姻家庭编的解释(一)》第78条的规定,"夫妻一方婚前签订不动产买卖合同,以个人财产支付首付款并在银行贷款,婚后用夫妻共同财产还贷,不动产登记于首付款支付方名下的,离婚时该不动产由双方协议处理。依前款规定不能达成协议的,人民法院可以判决该不动产归登记一方,尚未归还的贷款为不动产登记一方的个人债务。双方婚后共同还贷支付的款项及其相对应财产增值部分,离婚时应根据民法典第一千零八十七条第一款规定的原则,由不动产登记一方对另一方进行补偿"。虽然该条款确认夫妻一方在婚前以个人财产购买,且落在自己名下的房产属于个人财产的范畴,但也存在被法院认定为夫妻共同财产的例外情况。例如,婚前一方出资购房,但房屋登记在夫妻双方名下的,在司法实践中一般被认定为一方对另一方的赠与,从而认定该套房产属于夫妻共同财产。司法实践中,法院在判断婚前购买的房子是不是夫妻的个人财产时会结合房子的出资情况、房屋产权登记情况以及房子的用途等因素综合考量。

**问 受赠与或继承的房产如何归属?**

**答** 依据《民法典》第1062条第1款第4项的规定,夫妻在婚姻关系存续期间继承或受赠的财产,除遗嘱或者赠与合同中确定只归一方的财产外,为夫妻的共同财产,归夫妻共同所有。因此,对于婚前受赠与或继承并且已在婚前实际取得的房产,原则上仍属于婚前个人财产,婚后取得的受赠与或继承的房产在没有明确只归一方所有的情况下,则属于夫妻共同财产。为避免夫妻双方在离婚时因为房产归属产生争议,对于受赠或者继承的房屋可通过在婚前将房产登记于受赠或继承的一方名下或者婚前签订协议,明确该房产只归一方所有的方式避免纠纷发生。

**问 在夫妻双方没有约定财产制的情况下,婚后购买的房产是否一定属于夫妻共同财产?**

**答** 通常情况下,夫妻双方在婚后用共同财产买房产,其产权登记在一方或双方名下,该套房产属于《民法典》第1062条规定的夫妻共同财产。但是,夫妻一方在婚后用婚前的个人积蓄买房,产权也登记在出资人名下的,其财产的价值取得仍是发生在婚前,只是财产的价值形态发生变化,依据《最高人民法院关于适用〈中华人民共和国民法典〉婚姻家庭编的解释(一)》第31条的规定,"民法典第一千零六十三条规定为夫妻一方的个人财产,不因婚姻关系的延续而转化为夫妻共同财产。但当事人另有约定的除外",因此,婚后用个人婚前财产购买的房产仍属于夫妻一方的个人财产,并不因为婚姻关系的存续而发生转化。

**问 卖婚前旧房换婚后新房,新房属于婚前个人财产还是婚后夫妻共同财产?**

**答** 婚前个人财产并不因婚后价值形态发生变化而转化为夫妻共同财产,因此,对于"以旧换新"的新房产,如果是个人财产全款买房,且产权也登记在付款方名下,则该套房产一般被认定为个人财产。相反,如果这套婚后购买的房屋的产权登记在夫妻双方名下,即使一方能够证明这套房产是婚前财产购买,一般也会因为登记在双方名下而被认定为婚后一方对另一方的赠与,从而被认定为夫妻共同财产。

**问 父母为子女出资买房,房产如何归属?**

**答** 依据《最高人民法院关于适用〈中华人民共和国民法典〉婚姻家庭编的解释(一)》第29条的规定,"当事人结婚前,父母为双方购置房屋出资的,该出资应当认定为对自己子女个人的赠与,但父母明确表示赠与双方的除外。当事人结婚后,父母为双方购置房屋出资的,依照约定处理;没有约定或者约定不明确的,按照民法典第一千零六十二条第一款第四项规定的原则处理"。在婚前父母为子女出资买房的问题上,新出台的《最高人民法院关于适用〈中华人民共和国民法典〉婚姻家庭编的解释(一)》延续了《最高人民法院关于适用〈中华人民共和国婚姻法〉若干问题的解释(二)》的规定;而在婚后父母为子女出资买房的问题上,《最高人民法院关于适用〈中华人民共和国民法典〉婚姻家庭编的解释(一)》则有了实质性的修订,更加尊重当事人的意思,允许当事人之间协商确定房子归属。在没有约定的情况下,才推定为夫妻共同财产。因此,《最高人民法院关于适用〈中华人民共和国民法典〉婚姻家庭编的解释(一)》施行后,父母在婚后为自己的子女买房的,可以由父母、子女和子女的配偶一起签订书面的协议,明确约定父母出资的房产是只对其子女的赠与,还是对子女及其配偶双方的赠与,避免后续对房子的归属发生争议。

**问** 《最高人民法院关于适用〈中华人民共和国民法典〉婚姻家庭编的解释(一)》实施后,父母为子女出资买房的问题,是否都适用新规?

**答** 《最高人民法院关于适用〈中华人民共和国民法典〉时间效力的若干规定》第1条规定:"民法典施行后的法律事实引起的民事纠纷案件,适用民法典的规定。民法典施行前的法律事实引起的民事纠纷案件,适用当时的法律、司法解释的规定,但是法律、司法解释另有规定的除外。"因此,对于《最高人民法院关于适用〈中华人民共和国民法典〉婚姻家庭编的解释(一)》实施后法院新受理的父母为子女出资买房的问题,需要依据父母为子女出资买房的具体时间进行判断。父母出资买房的行为发生在2021年1月1日以前的,则仍应当适用之前的《最高人民法院关于适用〈中华人民共和国婚姻法〉若干问题的解释(二)》来确定房产的归属。父母出资买房的行为发生在2021年1月1日之后的,则直接依据《最高人民法院关于适用〈中华人民共和国民法典〉婚姻家庭编的解释(一)》的相关规定来确定房产的归属。

**问 离婚协议中关于分割房产的约定是否有效?**

**答** 民事平等主体之间可以通过协议的方式处置自己的财产,夫妻双方基于婚姻关系的结束而产生的财产分割问题也可以通过双方之间平等协商的方式达成一致的处理意见,并约定于《离婚协议》中。双方在《离婚协议》上签字确认的财产分配方案对夫妻双方均具有法律约束力,但是,依据《民法典》第209条的规定,"不动产物权的设立、变更、转让和消灭,经依法登记,发生效力;未经登记,不发生效力,但是法律另有规定的除外"。因此,虽然《离婚协议》具有对夫妻双方的约束力,但是在没有进行房产的产权变更之前,房产并没有发生物权变动的效力。《离婚协议》约定的房产所有权人,只是对这套房产未来会属于自己享有一个物权期待权,这种权利在法律上仍是一种债权,而不是物权。因此,《离婚协议》关于房产权属的约定不具有对抗夫妻以外的善意第三人的效力。

> **典型案例分析**
>
> 以案说法为纠纷处理提供具体的参考
>
> 案件名称：黄某1与刘某离婚纠纷
>
> 案号：(2019)苏11民终2026号
>
> 审理法院：江苏省镇江市中级人民法院
>
> 案例来源：中国裁判文书网

**基本案情** 上诉人黄某1(原审被告)与被上诉人刘某(原审原告)于××××年××月××日登记结婚,双方结婚初期感情尚好。黄某1婚后于2017年12月购买城市绿洲花园4幢1802室房产一套,其中112,324.44元由黄某1的母亲转账给付黄某1,余款黄某1以其出售婚前房产所得款项给付。2018年4月20日该房产登记于双方名下,登记的共有情况为共同共有。可惜好景不长,自女儿黄某2出生后,因家庭琐事,黄某1和刘某经常发生矛盾,终致感情彻底破裂。刘某起诉至法院请求判决离婚并分割城市绿洲花园4幢1802室的房产。庭审过程中,双方一致认可城市绿洲花园4幢1802室的房产价值88万元。一审法院判决:城市绿洲花园4幢1802室房产归黄某1所有,黄某1于本判决生效后10日内给付刘某房屋分割款44万元。黄某1不服,提起上诉。

**法院观点** 本案双方的争议焦点:城市绿洲花园4幢1802室房产是否属于夫妻共有财产、应当如何分割?本案双方对于该房屋系双方婚后,黄某1以其婚前个人所有房屋出售所得的价款购置的事实并无异议。现该房产登记在黄某1、刘某双方名下,黄某1主张该登记行为并非其真实意思表示,但其未能提供充分、有效的证据证明,故法院对该主张不予支持。婚姻关系存续期间夫妻一方以婚前财产出全资购置的不动产,所有权登记在夫妻双方名下的,除当事人另有约定外,应当认定为夫妻共同财产。

**裁判结果** 驳回上诉,维持原判。

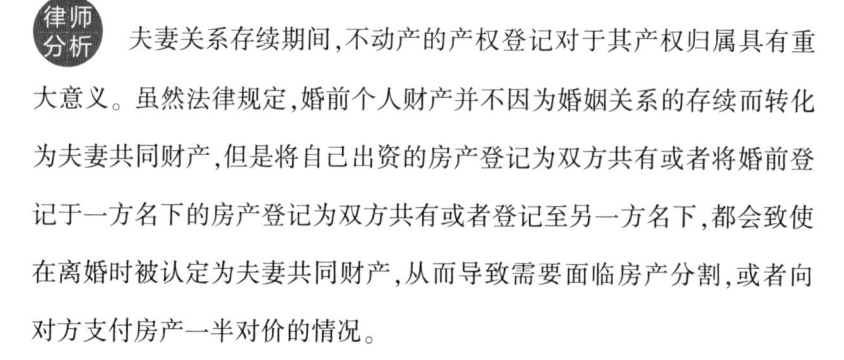

**律师分析** 夫妻关系存续期间,不动产的产权登记对于其产权归属具有重大意义。虽然法律规定,婚前个人财产并不因为婚姻关系的存续而转化为夫妻共同财产,但是将自己出资的房产登记为双方共有或者将婚前登记于一方名下的房产登记为双方共有或登记至另一方名下,都会致使在离婚时被认定为夫妻共同财产,从而导致需要面临房产分割,或者向对方支付房产一半对价的情况。

本案中,城市绿洲花园4幢1802室的房产的出资有两块,一块是黄某1婚前个人房产卖出后的所得款,该部分款项仍属于个人财产;另一块则是婚后父母的出资,根据《最高人民法院关于适用〈中华人民共和国婚姻法〉若干问题的解释(二)》的规定,婚后父母为子女出资购买房屋的,除双方有特殊约定外,应视为夫妻共同财产。原则上,黄某1与刘某离婚时,刘某只能请求法院分割属于夫妻共同财产部分的父母出资部分的房屋价值,但由于黄某1将婚后购买的房子登记在双方名下,若黄某1无法提供与登记外观相反的事实证明其不存在赠与意图,法律上将推定为黄某1对刘某的赠与,刘某可以获得该套房产50%的权利。

## 006

# 父母将房产登记在未成年子女名下的相关问题

🎙 FM99.6 厦门综合广播《新闻招手停》第 68 期

主持人：海蕾

主讲人：庄幼留律师、沈玉洪律师

### 热点问题发现

1. 登记在未成年子女名下的房产，父母有权处置吗？
2. 父母离婚时，能否对登记在未成年子女名下的房产进行分割？
3. 父母负债时，登记在未成年子女名下的房产会被执行吗？
4. 父母将房产登记在未成年子女名下需要注意什么？

## 常见问题解答 🔊

**问** 有很多父母会选择将房产登记在未成年子女名下，一般是出于什么考虑？

**答** 主要出于以下几种考虑：第一，出于税费的筹划，后续如何将房产传承给子女，直接登记在未成年子女名下与赠与、继承相比，会省去一定的税费；第二，父母为规避经营投资的风险，防范资不抵债，避免房产被法院执行，而将房产登记在未成年子女名下；第三，夫妻感情出现危机，双方对房产分割无法调和的情况下，选择把房产登记在未成年子女名下；第四，从家族财富传承角度出发，提前为孩子做婚前财产筹划而登记在未成年子女名下；第五，因继承而登记在未成年子女名下，如实务中碰到的一方父母意外去世，发生继承纠纷，在世的一方父母选择将所继承的房产份额登记在双方生育的未成年子女名下。

**问** 将房产登记在未成年子女名下，有什么法律风险隐患？

**答** 第一，应全面了解未成年子女是否符合本地购房条件、是否有权贷款等政策，以免产生过户不能、贷款审批不通过等风险；第二，应了解如果将房产登记在未成年子女名下是否影响其未来购买第二套房，以免因此失彼；第三，应明确一旦登记在未成年子女名下，父母是不能随意处置该房产的；第四，如果父母年老，子女成年后不履行赡养父母的义务，父母想收回房屋难度很大。建议充分了解、评估以上风险后，父母再作是否将房产登记在未成年子女名下的决定。

**问** 什么情况下父母可以处置登记在未成年子女名下的房产？

**答** 根据《民法典》第 35 条第 1 款、第 2 款的规定，监护人应当按照最有利于被监护人的原则履行监护职责。因此，监护人除为维护被监护人利益外，不得处分被监护人的财产。未成年人的监护人履行监护职责、在作出与被监护人利益有关的决定时，应当根据被监护人的年龄和智力状况，尊重被监护人的真实意愿。即在"为维护被监护人利益"的情况下可以处置未成年人名下的房产，除此之外不得处置未成年人名下的房产。

**问** 如果登记在未成年子女名下的房产被父母卖掉或者抵押，未成年子女如何维护自己的权利？

**答** 第一，如果登记在未成年子女名下的房产是被父母一方处分了，另一方父母作为未成年子女的监护人有权代为提起诉讼，请求法院确认相关的房屋买卖合同或抵押担保合同无效；第二，如果父母双方共同作出了处分未成年子女名下财产的行为，那就需要再做区分。其一是等未成年子女成年后自己来主张其父母处分行为无效或要求其父母赔偿其损失；其二是根据《民法典》第 27 条第 2 款的规定，未成年子女的祖父母、外祖父母、兄、姐、其他愿意担任监护人的个人或者组织向法院提起变更监护人的程序，变更后作为未成年的监护人可以代其行使相关权利。

**问** 如何判断父母的处分行为是否为了维护未成年子女的利益？

**答** 我国法律尚未有相应的规定，根据司法实践，以下情形可以视为"为维护被监护人的利益"：第一，作为监护人的父母为了未成年人的教育，比如支付相应的大额学费、培训费等；第二，作为监护人的父母为了未成年人的健康，比如治病、大病治疗等；第三，作为监护人的父母为未成年人支付侵权赔偿款，比如有打架斗殴或其他侵权行为作为过错方，给被侵权人造成了巨大经济损失；第四，未成年人的房产遇到合法拆迁，作为监护人的父母在不放弃房屋拆迁补偿权利的情况下，代为与拆迁部门签订房屋拆迁补偿协议而处分未成年人名下房产的情形；第五，作为监护人的父母需要出售登记在未成年子女名下的旧房来为未成年人购买新房改善居住条件时，且要符合购买的新房价值等于或大于旧房的价值而处理未成年人房产的情形。

**问** 父母共同出资购买的房产登记在未成年子女名下，父母离婚时可以请求分割吗？

**答** 实务中关于该问题是有争议的。一种观点认为，离婚的夫妻是不可以分割未成年子女名下财产的。主要理由：一是从所有权的角度来理解，财产登记在未成年子女名下，其所有权是属于未成年子女的，而不是离婚的父母。离婚的夫妻只能分割夫妻名下共同的财产。二是从监护人的处分权来分析，作为未成年人的法定监护人，其处分财产的行为只能有利于未成年人,离婚夫妻想要分割未成年子女名下的财产,是对其财产进行减损,这不利于未成年子女的合法权益,因此是不能分割的。另一种观点认为,可以分割未成年子女名下财产,应审查夫妻双方真实意思表示,不能仅按照产权登记情况将房屋一概认定为未成年子女的财产。

**问 如果父母欠债了,父母的债权人是否可以对登记在未成年子女名下的房产申请强制执行?**

**答** 如果债权人有证据证明登记在未成年子女名下的房产不属于其个人而是属于其父母一方或父母双方的或属于家庭共有财产的,负债一方父母所占的财产份额应当作为被执行的财产。这种情况下,可以向法院申请执行登记在未成年子女名下的房产。

**问 实务中将房产登记在未成年子女名下,如何办理相关登记?**

**答** 根据《不动产登记操作规范(试行)》第1.9.2条的规定,无民事行为能力人、限制民事行为能力人申请不动产登记的,应当由其监护人代为申请。监护人应当向不动产登记机构提交申请人身份证明、监护关系证明及监护人的身份证明,以及被监护人为无民事行为能力人、限制民事行为能力人的证明材料。处分被监护人不动产申请登记的,还应当出具为被监护人利益而处分不动产的书面保证等。

**问** 父母将房产登记在未成年子女名下,需要注意什么?

**答** 第一,慎重考虑哪些房产适合提前赠与子女。比如,打算让子女长期持有或者本来就计划给孩子作婚房的房产就可以考虑提前赠与,而打算短期内出售或置换的投资性房产就不宜更名至未成年子女名下。第二,过户时父母可以保留一定的份额。比如,把大部分的份额过户给子女,把小部分份额留给父母自己,这样既能实现父母的传承目的,也能让父母作为房产共有人,对房产保留一定的控制权和知情权。第三,针对计划用于养老的房产,在过户给子女之前,还可以根据《民法典》关于居住权的规定在房产上设立父母的居住权并进行相关登记。如此一来,未来子女要擅自处置房产至少不会影响父母对房产的居住需求。第四,如果父母离婚,离婚协议中想要将争议的房产登记在未成年子女名下,建议在离婚协议中明确约定过户时间、尽快将房产过户登记至孩子名下,有条件的建议办理公证。此外,建议在离婚协议中增加约束另一方"不配合过户的违约责任""放弃赠与撤销权"等条款。

## 典型案例分析

**以案说法为纠纷处理提供具体的参考**

案件名称：隗某与张某、隗小某离婚后财产纠纷

案号：(2018)京02民终198号

审理法院：北京市第二中级人民法院

案例来源：中国裁判文书网

**基本案情** 隗某和张某于1996年登记结婚，1997年10月生育婚生女隗小某。2007年隗某和张某以隗小某的名义与北京某房地产公司签订了房屋买卖合同，购买位于房山区的房屋一套，不动产权利人登记为隗小某。2015年隗某和张某诉讼离婚。离婚后，隗某（父亲）认为房山区的该套房产属于夫妻共同财产，以离婚后财产纠纷为由诉至法院主张分割。

隗某主张购买房山区的房产时因隗某、张某名下有其他房屋，登记在女儿隗小某名下是为了避税，否认已将该房山区的房屋赠与女儿隗小某。

张某、隗小某则主张该房屋由张某出资购买，登记在隗小某名下系赠与隗小某，且赠与行为已经完成。

**法院观点** 案件中的房产是隗某、张某在夫妻关系存续期间以夫妻共同财

产购买,产权登记在女儿隗小某名下,购买该房产时隗小某尚未成年,无独立财产。隗某及张某在购置案涉房产及离婚诉讼期间,均无证据显示双方有将该房产赠与女儿隗小某的共同意思表示,且隗某在离婚诉讼的一审、二审以及再审查程序中均要求将案涉房产按夫妻共同财产进行分割,而女儿隗小某也未提供充分证据证明隗某、张某存在赠与该房产的共同意思表示。最后法院从案涉房产的出资情况及隗某、张某的陈述等来分析,夫妻双方自始至终并未形成将该房产赠与隗小某的合意,本案房产的真正权利人不是隗小某,而应该是隗某、张某。

**裁判结果** 一审法院判决:(1)位于房山区××号房屋由隗某与张某共同所有,隗某、张某各享有1/2份额;(2)驳回隗某的其他诉讼请求。二审法院判决:驳回上诉,维持原判。

**律师分析** 不动产物权登记分为对内效力和对外效力,对外效力是指根据物权公示公信原则,不动产物权经过登记后,善意第三人基于对登记的信赖与登记权利人发生的不动产交易行为应受到法律的保护;对内效力是指应审查当事人的真实意思表示来确定真正的权利人。实际生活中,夫妻双方共同出资购买房屋后,可能基于各种因素的考虑而将房屋的产权登记在未成年子女名下,但是这样并不意味着该房屋的真实产权人为未成年子女,而应审查夫妻双方在购买房屋时的真实意思表示。

## 007

## 个人财产在婚后产生的收益归谁?

FM99.6厦门综合广播《新闻招手停》第75期
主持人:海蕾
主讲人:郑进文律师、胡燕婷律师

### 热点问题发现

1. 个人财产婚后产生的孳息、增值、投资收益归属于谁?
2. 配偶的"贡献"对个人财产婚后收益的归属有何影响?
3. 婚前个人房屋婚后出租所得租金收益归谁?

## 常见问题解答 🔊

**问** 关于个人财产婚后收益归属的法律规定有哪些？

**答** 关于个人财产婚后收益归属问题，《最高人民法院关于适用〈中华人民共和国民法典〉婚姻家庭编的解释（一）》第25条第1款规定，婚姻关系存续期间，一方以个人财产投资取得的收益属于其他应当归夫妻共同所有的财产；第26条规定，夫妻一方个人财产在婚后产生的收益，除孳息和自然增值外，应认定为夫妻共同财产。上述规定中的"个人财产"并未局限于"婚前"这一时间节点，故夫妻一方在婚姻关系存续期间取得的个人财产的收益归属也适用上述规定。

**问** "自然增值"和"增值"有什么区别吗？

**答** 增值是自然增值的上位概念。增值，顾名思义，即价值的增加，是指个人财产在婚后获得的市场价值的增加，以另一方是否对该增值具有"贡献"，可分为主动增值和自然增值。依据美国婚姻财产法上的"贡献理论"，主动增值，是指夫妻一方个人财产因双方或另一方所付出的智力、金钱、时间、劳动（包括家务劳动）而增值；自然增值又称被动增值，是指因通货膨胀或者其他非因当事人的主观努力而是因市场价值的变化而产生的增值。《最高人民法院关于适用〈中华人民共和国民法典〉婚姻家庭编的解释（一）》第26条中规定的自然增值即此意。对于自然增值，因不存在另一方"贡献"问题，故该收益属于个人财产并无争议。

而对于主动增值,因存在夫妻另一方"贡献",出于对"贡献"一方配偶的保护,在认定归属时不宜直接认定为个人财产。比如,夫妻一方婚前个人所有的房产因另一方对其装修而增值,这种为主动增值。

**问** 什么是"贡献",其对认定收益的归属有什么影响?

**答** 所谓"贡献",是指夫妻关系存续期间夫妻一方对另一方个人财产的婚后收益作出的财产或者劳务贡献,即影响收益的"夫妻协力"行为。"劳务贡献"不仅包括直接劳务贡献,还包括间接劳务贡献(如料理家务等),其立法原理在于承认家务劳动的价值和保护婚姻家庭的共同性。"贡献"是目前司法实践认定个人财产在婚后收益归属的判断原则。

**问** 为何《最高人民法院关于适用〈中华人民共和国民法典〉婚姻家庭编的解释(一)》未将"贡献"一词纳入法条?

**答**《最高人民法院关于适用〈中华人民共和国婚姻法〉若干问题的解释(三)(征求意见稿)》第6条的但书部分曾使用"贡献"一词,该条规定,"夫妻一方个人财产在婚后产生的孳息或增值收益,应认定为一方的个人财产;但另一方对孳息或增值收益有贡献的,可以认定为夫妻共同财产"。但最终公布实施的《最高人民法院关于适用〈中华人民共和国婚姻法〉若干问题的解释(三)》中未保留"贡献"一词,《最高人民法院关于适用〈中华人民共和国民法典〉婚姻家庭编的解释(一)》亦未使用"贡献"一词,理由是"贡献"一词并非法律用语,理解上易生歧义。比如,是直接贡献还是间接贡献？是需要一定贡献？还是只要有贡献就行？这些问题在审判实践中很难把握。但就司法实践而言，法院在认定个人财产的婚后收益归属时，依旧会考虑配偶另一方对个人财产婚后收益的"贡献"。

**问 个人财产婚后的投资收益如何认定归属？**

**答** 投资收益根据是否直接投资于企业经营活动可分为直接投资收益和间接投资收益。直接投资收益是指以获取收益为目的，通过合伙经营、承包经营以及公司经营等形式进行投资而获取的投资收益。直接投资一般都以参与经营为原则，其收益甚至是家庭生活的主要经济来源，因此存在另一方的"贡献"，应认定为夫妻共同财产；间接投资收益则是指以公司债券、股票、基金等金融资产为对象进行投资所获得的收益。当间接投资不存在另一方"贡献"的情况下，其增值实质上是基于市场价值的变化而产生的增值，应当认定为自然增值，属于个人财产。但若该间接投资收益存在另一方的"贡献"，如存在夫妻一方或双方积极的管理操作，则应作为投资收益认定为夫妻共同财产。

**问 个人房屋婚后出租所得租金收益属于个人财产吗？**

**答** 根据我国民法理论，租金属于孳息的一种，故根据《最高人民法院关于适用〈中华人民共和国民法典〉婚姻家庭编的解释（一）》第26条的规定，个人房屋婚后出租所得租金收益理应被认定为个人财产，但司法实践中并不会如此机械认定,依旧会考虑配偶另一方的"贡献"。最高人民法院民事审判第一庭认为,一方婚前所有的房屋出租而未通过共同劳动所取得的房屋租金等,认定为一方个人的财产比较合适。上海市高级人民法院对待租金收益则采用推定原则,即推定租金收益存在配偶另一方的共同劳动,由房屋所有一方来举证证明另一方未付出共同劳动。江苏省高级人民法院民事审判第一庭认为,虽然房屋租金在民法理论上属于"孳息",但租金的获取也需要对房屋进行经营,认定为"投资性收益"比较合适。还有部分法院认为,宜将该租金认定为《民法典》第1062条所规定的生产、经营收益,从而作为夫妻共同财产予以分割,因为生产、经营需要夫妻双方出于增加共同财产的目的而共同协力方能实现。

## 典型案例分析

**以案说法为纠纷处理提供具体的参考**

案件名称:符某与胡某离婚后财产纠纷

案号:(2021)豫0391民初1118号

审理法院:河南省洛阳高新技术产业开发区人民法院

案例来源:中国裁判文书网

**基本案情**　符某与胡某于2014年11月27日登记结婚。2020年,胡某向法院提起离婚诉讼,法院于 2020 年 12 月 20 日判决准予离婚。符某不服提起上诉,洛阳市中级人民法院经审理,于 2021 年 4 月 27 日判决驳回上诉,维持原判。因原判对涉案股权等均未处理,故符某提起离婚后财产纠纷诉讼,要求分割胡某转让某水务集团有限公司股权所取得的价款。

**法院观点** 关于胡某转让某水务集团有限公司股权所取得的价款,原告、被告双方均认可在转让所得 2,543,002 元的基础上确定财产性质并进行划分。根据《最高人民法院关于适用〈中华人民共和国婚姻法〉若干问题的解释(二)》第 11 条之规定,一方以个人财产投资取得的收益属于夫妻共同财产。根据《最高人民法院关于适用〈中华人民共和国婚姻法〉若干问题的解释(三)》第 5 条之规定,夫妻一方个人财产在婚后产生的收益,除孳息和自然增值外,应认定为夫妻共同财产。胡某婚前取得的 120 万元出资对应的股权在婚后产生的收益依法应属于夫妻共同财产,故胡某对其使用婚后取得的收益偿还婚前持股个人负债的 65 万元,应向符某补偿收益的一半计得 325,000 元。对于婚后持有的 45 万元出资对应股权及其增值部分依法属于夫妻共同财产,计得 693,546 元(2,543,002 元×45 万元/165 万元),胡某应向符某分割一半即 346,773 元。

**裁判结果** 胡某向符某补偿股权收益 325,000 元并支付婚内股权转让所得 346,773 元。

**律师分析** 现行《最高人民法院关于适用〈中华人民共和国民法典〉婚姻家庭编的解释(一)》仍保留原《最高人民法院关于适用〈中华人民共和国婚姻法〉若干问题的解释(二)》第11条、《最高人民法院关于适用〈中华人民共和国婚姻法〉若干问题的解释(三)》第5条的规定,故夫妻一方个人财产在婚后产生的收益,除孳息和自然增值外,应认定为夫妻共同财产;个人财产在婚后投资取得的收益应认定为夫妻共同财产。本案中,胡某婚前取得的120万元出资对应的股权为胡某的个人财产,但该股权在婚后的收益属于直接投资收益。直接投资收益是指以获取收益为目的,通过合伙经营、承包经营以及公司经营等形式进行投资而获取的投资收益,其收益是家庭生活的主要经济来源,包含另一方在智力、时间、劳动(包括家务劳动)等方面的"贡献",即存在影响收益的"夫妻协力"行为,故该收益应认定为夫妻共同财产。

## 008

# 暑假期间,"神兽"们的法律保护问题

🎙 FM99.6厦门综合广播《新闻招手停》第60期

主持人:海蕾

主讲人:蔡甄如律师、吴思娴律师

**热点问题发现**

1. 如何理解"家庭教育令"?
2. 参加"夏令营"受伤,谁需要承担责任?
3. 暑期打工有何注意事项?
4. 未成年人大额消费能否退款?

## 常见问题解答 🔊

**问** 如何理解"家庭教育令"？

**答** 2022年1月6日,湖南省长沙市天心区人民法院就一起抚养权变更纠纷案中监护人监护失职的情况发出了全国第一份《家庭教育令》。家庭教育令出现的背景是自2022年1月1日起正式实施的《家庭教育促进法》,该法第49条规定,"公安机关、人民检察院、人民法院在办理案件过程中,发现未成年人存在严重不良行为或者实施犯罪行为,或者未成年人的父母或者其他监护人不正确实施家庭教育侵害未成年人合法权益的,根据情况对父母或者其他监护人予以训诫,并可以责令其接受家庭教育指导"。家庭教育令的出现,意味着家庭教育由"家事"上升为"国事",要求监护人切实承担起家庭教育、维护未成年人身心健康成长的责任。

**问** 哪些情况下法院可能作出"家庭教育令"？

**答** 在全国各地法院公布的案例中,存在多种作出《家庭教育令》的情形。例如,某父亲在教育女儿过程中缺少耐心、动辄打骂,母亲对丈夫的"管教"行为听之任之,法院作出《家庭教育令》,要求该父母不得因性别、智力等原因歧视女儿,不得实施家庭暴力;某未成年人在放假期间使用母亲手机打赏游戏主播,其父母发现后起诉,法院发现该父母对子女缺乏关心,作出《家庭教育令》,要求该父母正确引导子女健康上网,提升自身网络素养；某未成年人多次在网吧过夜、结交社会不良人员，但其父母工作忙碌，对其疏于管教，最终该未成年人多次入室盗窃，被检察机关起诉，法院作出《家庭教育令》，责令该父母切实履行监护职责，并将定期回访。

**问 违反"家庭教育令"可能承担什么后果？**

**答** 在法院作出《家庭教育令》后，如监护人违反将可能面临训诫、罚款、拘留甚至追究刑事责任的风险。

**问 参加"夏令营"受伤，谁需要承担责任？**

**答** 暑期很多学生会参加兴趣班、夏令营、游学等活动，但面对陌生的环境、老师、同学，有时难免产生安全隐患。以未成年人参加夏令营期间发生水库意外溺水为例，主要可能涉及以下责任主体：一是教育机构，根据《民法典》第1200条的规定，限制民事行为能力人在教育机构学习、生活期间受到人身损害，教育机构未尽到教育、管理职责的，应当承担侵权责任；二是水库管理人，根据《民法典》第1198条的规定，公共场所管理人未尽到安全保障义务（如设置警示标语和围栏等安全措施），造成他人损害的，应当承担侵权责任；三是学生家长，如果有其他学生对于溺水事故的发生存在过错，则根据《民法典》第1188条的规定，学生家长应该作为监护人承担侵权责任，而事故学生家长也因未尽到教育（防溺水知识等）和保护义务，应当自行承担一定的责任。

**问 暑期打工有何注意事项？**

**答** 首先，在求职时可以通过企查查、天眼查、全国信用信息公示系统等平台了解、辨别用人单位信息的真实性，而且要坚定地拒绝收取保证金、扣押证件等不合理的要求；其次，要及时签订相关协议，明确工作时间、报酬、意外伤害等重要内容，并且要在工作过程中提高证据意识，及时留存有利于保护自己的重要信息；最后，根据《未成年人保护法》的规定，营业性娱乐场所、酒吧、网吧等不适合未成年人活动的场所不允许招用未成年人，并且用人单位也不能安排未成年人从事过重、有毒、有害等危害身心健康的劳动或者危险作业。因此，同学们要注意避免在酒吧、网吧等娱乐场所打工，在面对用人单位的不合理要求时也要敢于拒绝。

**问 未成年人大额消费能否退款？**

**答** 首先应当关注该未成年人的年龄，在仅考虑年龄因素的情况下，法律上8岁以下的未成年人属于无民事行为能力人，8岁以上的未成年人属于限制民事行为能力人。8岁以下的未成年人一般处在生长和发育的初期，难以独立进行民事行为，所以除了过年收红包这种纯粹获利的行为，他们的行为一般不会产生法律上的效力，也就是说，这种情况下，家长可以要求商家退货退款。而8～18岁的未成年人，虽然他们的心智还没有完全成熟，但可以做一些和自己年龄相适应的活动如买文具、买生活用品等，但如果是购买奢侈品一类价格高昂的商品，如12岁的孩子自己在商场购买几万元的商品,这时如果父母事后知晓并且反对,则可以向商家要求退货。

## 典型案例分析

**以案说法为纠纷处理提供具体的参考**

案件名称:胡某与陈某抚养权纠纷——《家庭教育促进法》生效后全国首份《家庭教育令》

案号:(2021)湘0103民初10368号

审理法院:长沙市天心区人民法院

案例来源:天心区人民法院微信公众号

**基本案情** 2021年10月27日,法院受理原告胡某与被告陈某的抚养权变更纠纷一案,原告胡某请求法院判令将婚生女胡某茜的抚养权变更给原告胡某。法院经审理查明,2020年8月10日,原告与被告协议离婚,双方约定女儿胡某茜由被告陈某抚养。被告陈某离婚后再婚,并带着胡某茜搬到新的出租屋内,致使胡某茜两个星期未能上学。原告知晓后,通过找全托、请保姆的方式来履行其对小孩胡某茜的抚养与照顾义务。从2021年2月起,胡某茜一直与保姆居住,被告作为被监护人胡某茜的母亲,在原告委托全托后,只是周末过去接送孩子,被告并未积极履行其应尽的监护义务,怠于履行其抚养义务和承担监护职责;原告虽然以找全托、请保姆的方式来履行其对小孩胡某茜的抚养与照顾义务,但是原告让小孩胡某茜一个人与保姆单独居住,说明原告胡某只是履行了"养"的义务,但怠于行使"育"即教育、保护的义务。

**法院观点** 鉴于原告、被告双方都存在怠于履行抚养义务和承担监护职责的问题,都对胡某茜的生理、心理与情感需求多有忽视,胡某茜表达出更愿意和其母亲即本案被告一起共同生活的主观意愿,也考虑到被告有表达出将胡某茜转学以便照顾的主观意愿,结合原告、被告《离婚协议书》中胡某茜由被告抚养的约定,法院经审理认为,还应该再给予胡某茜的母亲一次自我纠错即积极履行其抚养义务和承担监护职责的机会。

**裁判结果** 依法驳回原告胡某的诉讼请求,判决被告陈某继续履行监护责任。但对法定监护人陈某的失职行为依法予以纠正,依据《未成年人保护法》《家庭教育促进法》的规定,法院依法对失职监护人陈某发出《家庭教育令》。

**律师分析** 根据《未成年人保护法》《家庭教育促进法》的相关规定,未成年人的父母或者其他监护人依法对未成年人承担监护职责,承担对未成年人实施家庭教育的主体责任,应当合理运用亲自养育,加强亲子陪伴等方式,关注未成年人的生理、心理、智力发展状况。

根据《未成年人保护法》第22条第1款的规定,"无正当理由的,不得委托他人代为照护",本案中,胡某作为父亲,在无正当理由的情况下,通过委托保姆的方式代替自身履行监护职责,忽视了女儿身心健康成长的情感需求;而陈某作为母亲,在女儿的教育、保护责任中缺位,更放任胡某以委托保姆的方式代行照护义务,双方均已构成法律所禁止的"怠于履行监护职责",逃避自身的家庭教育主体责任,对女儿的全面健康成长造成实质伤害与阻碍。法院最终通过发出《家庭教育令》的方式要求父母关注子女的身心状况和情感需要,加强与学校老师的联系沟通,切实履行监护职责,承担起家庭教育的主体责任。

《家庭教育促进法》与全国首份《家庭教育令》的发出,喻示着"依法带娃"时代的来临,此后各地法院陆续针对不同情况发出《家庭教育令》,综合来看,主要存在以下几种情形:一是家长教养方式失当,存在暴力打骂等行为;二是因夫妻离婚、分居等家庭原因,忽视对未成年子女的照护义务;三是缺乏对未成年子女互联网活动的监管,引发直播打赏等纠纷;四是因疏于管教,导致未成年人结交不良人员,引发犯罪或其他不当行为。为确保《家庭教育令》的落实,各地逐渐建立家庭教育指导、回访等工作机制,引入教师、社区工作人员、心理咨询师等多元力量,积极开展相关工作。因此,与其将《家庭教育令》理解为惩罚、强制命令,不如将其视为社会资源整合的方式,既警醒家长们重视未成年人保护问题,同时通过各界力量协助家长们学会如何承担起家庭教育的主体责任。

## 009

# 我的五个愿望，生命中的最后选择——关于"生前预嘱"你应该知道的那些事儿

🎙 FM99.6 厦门综合广播《新闻招手停》第 x 期

主持人：海蕾

主讲人：刁玫律师、朱哲钰实习律师

### 热点问题发现

1. 什么是生前预嘱？
2. 生前预嘱和相关概念如何区分？
3. 生前预嘱与意定监护是什么关系？

### 常见问题解答

**问** 什么是生前预嘱？

**答** 生前预嘱，是人们在健康或意识清楚时签署的，说明在不可治愈的伤病末期或临终时要或不要哪种医疗护理的指示文件。

**问** 生前预嘱是安乐死吗？

**答** 生前预嘱不同于安乐死。安乐死，是指医生在特定情况下对末期病人施行的一种无痛苦的致死术，这是一种主动的致死行为，这也是大多数国家的法律所严厉禁止的。但是，生前预嘱其实是安宁疗护的一个重要环节，并不是积极的致死行为，而是针对处于不可治愈的伤病末期的病人，不再采取积极的延长生命的措施。这种不使用生命支持系统，如心肺复苏术、人工呼吸机等人工设备而导致的死亡，被认为是一种更接近自然状态的死亡，具体到泰利案就是不使用喂食管来延长泰利的生命。大多数国家的法律对这种"自然死亡"没有明令禁止，一些国家或地区甚至还通过立法来确认和规范这一权益。

**问** 什么是安宁疗护？

**答** 安宁疗护，是指在处于疾病终末期的病人或老年患者临终前，为他们提供身体、心理、精神等方面的照料和人文关怀，目的是控制病人的痛苦和不适症状，提高他们的生命质量，帮助他们舒适、安详、有尊严地离世。安宁疗护的具体操作，首先要由临床医生诊断，患者已经处于临终期,现有的医疗水平不可能使其痊愈;然后护士会和病人家属沟通,确定是否接受"安宁疗护",也就是不进行插管、心肺复苏等无谓的、创伤性抢救措施,而主要针对不适症状进行处理疗护;在这个过程中,也会进行心理护理,主要是帮助患者平静地面对死亡,完成心愿。

**问 生前预嘱在我国出现很久了吗?**

**答** 生前预嘱这个概念在我国出现了很多年,只是一直没有普及。早在2006年,我国就有一批志愿者成立了"选择与尊严"公益网站,他们立志在国内推行生前预嘱。网站成立之后,邀请一些社会知名人士召开过一个研讨会,在会上,他们推出了我国首个民间"生前预嘱"文本——"我的五个愿望"。

**问 "我的五个愿望"的具体内容是什么?**

**答** 这五个愿望是"我要或不要什么医疗服务""我希望使用或不使用支持生命医疗系统""我希望别人怎么对待我""我想让我的家人朋友知道什么""我希望让谁帮助我"。其实每个愿望就相当于一个大标题,在每个大的愿望条款下还有细小的条目,立预嘱人通过打钩的方式来填写这些条款。

**问 在这个网站上签订的生前预嘱效力如何?**

**答** 这个网站是民间性质的,所以大家在这个网站上作出的生前预嘱并不具备法律上的效力,单从这个文件来讲,即使签署了也有可能不被实行。但是，这并不意味着这个民间版本的生前预嘱就完全没有意义，因为它确实有助于家人和医疗机构了解病人本身无法表达或者没有来得及表达的想法。如果病人在之前有签署生前预嘱，起码可以让家属对病人的真实想法有一定了解，也更有助于他们在病人临终时作出选择。

**问** 我国是否有相关法律法规出台？

**答** 目前国家层面还没有相关的法律法规，只有深圳出台了相关的规定。2022年6月，《深圳经济特区医疗条例》修订稿正式通过审议，这个条例从2023年1月1日起开始施行。其中，第78条规定："收到患者或者其近亲属提供具备下列条件的患者生前预嘱的，医疗机构在患者不可治愈的伤病末期或者临终时实施医疗措施，应当尊重患者生前预嘱的意思表示。"这也是我国首次将生前预嘱写入地方性法规。其实，在2013年全国"两会"期间，就有政协委员提出，我们国家应该制定"自然死亡法案"，将"生前预嘱"纳入医改议程，但当时多数人还是认为时机不成熟，而且会和安乐死等概念混淆，引发伦理上的争议。在《民法典》的起草过程中，也曾针对临终关怀、尊严死、生前预嘱等相关问题开展专门的课题研究，但是最终综合多种因素，仍然没有将这些内容体现在《民法典》中。

**问 什么是意定监护?**

**答** 意定监护,简单来讲就是按照自己的意愿确定监护人,也就是具有完全民事行为能力的成年人,可以通过事先协商的方式来确定自己的监护人,这个监护人可以不是法律规定的近亲属,甚至可以是自己的朋友、邻居等。确定好的监护人会在成年人丧失或者部分丧失民事行为能力时,履行相应的监护职责。

**问 如何通过意定监护的方式来确认自己的监护人?**

**答** 首先,要确定一个意定监护人人选,这个人选一定是我们想要并且其也愿意担任我们监护人的人;然后,双方要签订一份书面协议,协议里面要明确约定,当我们失去行为能力或者失去部分行为能力时,由我们选好的这个人来担任我们的监护人。而且,我们也可以在协议里面约定一些个性化的内容,比如,约定监护事务的处理方案,对事物的处置要求等。在签订意定监护协议时,还可以选择到公证处进行公证,公证不是必需的,但是可以防止将来因为意定监护协议的效力而发生争议。

**问 意定监护和生前预嘱有什么关联?**

**答** 其实生前预嘱和意定监护是两个完全不同的法律概念和法律行为,二者并没有什么必然的关联,只是在实施上有一定的相同点,即都是当事人在意识清醒时,对自己将来失去意识或行为能力时可能发生的事情所做的预先的安排。如果说生前预嘱只是一个人对自己在临终时是否需要继续救治作出的安排,意定监护则是一个更为宽泛的概念,也就是自己在失去行为能力时,由谁来照料自己、帮助处理自己的事务等。

## 典型案例分析

**以案说法为纠纷处理提供具体的参考**

案件名称:美国泰利案

案例来源:互联网

**基本案情** 1990年,美国一位名叫泰利的女性,因为一起医疗事故陷入了植物人状态,虽然可以自主呼吸,但是只能依靠喂食管来维持生命。1998年,她的丈夫向法院申请拔除妻子的喂食管,但是泰利的父母表示反对,于是双方就开始了马拉松式的诉讼。在此期间,泰利的喂食管曾两度被拔除,随后又被恢复。2005年2月18日,泰利第三次被拔除进食管。泰利的父母提出上诉。美国总统布什签署了国会通过的法案,要求联邦法院重审此案。但联邦法院最终拒绝了这对夫妇的诉请。2月30日,位于亚特兰大的美国第11巡回上诉法院作出裁决,拒绝重新为泰利插上维持生命的进食管。此后不久,泰利女士在由她而引发的巨大争论中死去。

**律师分析** 在这个案件中,泰利的情况与生前预嘱的适用情况相符,因为泰利的丈夫和父母其实是代表了两种意愿：泰利的丈夫希望妻子可以减少痛苦，更加安宁的离开；泰利的父母则是希望不惜一切代价地维持女儿的生命，这两种选择没有对错之分，但是如果泰利在自己意识还清醒的时候签署了生前预嘱，泰利的丈夫和父母在这种情况下就可以根据她在生前预嘱作出的选择来决定是否继续用喂食管维持她的生命，也就不会进行长达7年的诉讼了。

## 典型案例分析

案件名称：我国首个意定监护生效案例

案例来源：互联网

**基本案情** 上海的周奶奶被诊断出"血管性痴呆"，医生告诉她的大儿子，周奶奶的病是治不好的，只能让她住进护理院。周奶奶的小儿子得知此事后，要把她接回自己家。医院也很矛盾，但是没有人知道此时周奶奶的真实想法。不过周奶奶在神智清醒的时候，签署了一份意定监护的法律文件，并办理了公证，周奶奶挑了大儿子的女儿，也就是她的孙女做监护人。就是因为她不想有朝一日陷入昏迷、糊涂或者失去意识的时候，把自己交到小儿子手里。事情发生后，周奶奶的大儿子去了公证处，要求出具文件。公证处的人先到护理院看了周奶奶，又去精神卫生中心核实诊断书,确定她的状况"符合原先设定的意定监护生效条件"后,把监护人资格公证书发给了他们。这是上海首个生效的意定监护案例,周奶奶也是意定监护制度出台之后的第一个受益者。

**律师分析** 《民法典》出台之前的法律规定存在监护人法定范围过窄、个性化不足的问题,即仅能按照法律规定决定自己的监护人,因此无法完全表达自己的选择。《民法典》关于意定监护的规定可以很大程度解决该问题,让人们可以在意识清醒的时候选择自己以后丧失行为能力时的监护人,由此可以在很大程度上保护我们的人身和财产权益。这种制度更符合现代社会的人权保障理念。从这个角度来讲,意定监护和生前预嘱具有一定共性。

# Part Three

## 第三编 房产、物业

3

## 010

# 民法典背景下抵押权规则的变化问题

🎤 FM99.6厦门综合广播《新闻招手停》第64期

主持人：海蕾
主讲人：宗锐律师、杜晓康律师

### 热点问题发现

1. 浮动抵押财产确定时点前移的原因是什么？
2. 约定"流押"是否还有一些注意事项？
3. 抵押不破租赁规则的适用发生什么变化？有什么影响？
4. 办理抵押登记需要注意什么？

## 常见问题解答

**问** 浮动抵押财产确定时点前移的原因是什么？

**答** 浮动抵押，顾名思义就是抵押财产在抵押期间可能存在数量或价值变化的一种抵押形式，一般用于工业、农业企业筹集经营流动资金，以企业生产资料或生产原料为主要抵押物，对工业、农业企业经营发展有着十分重要的意义。但浮动抵押对于抵押权人，也就是提供贷款的金融机构来说，又存在诸多风险。此次调整的立法初衷是进一步维护抵押权人的权益，降低抵押权人风险。"抵押财产确定时的动产"相较于修改前的规定，条件更为宽泛。因此，在此提示抵押权人应当关注债务履行、抵押人、抵押财产的状态，一旦发生抵押财产确定的情形，债权人需及时与债务人、抵押人确认抵押财产的范围、价值，并及时请求实现抵押权，避免抵押财产确定后抵押权实现期间的抵押财产的损失。

**问** 抵押不破租赁规则的适用发生什么变化？有什么影响？

**答** 《民法典》第405条规定："抵押权设立前，抵押财产已经出租并转移占有的，原租赁关系不受该抵押权的影响。"此规定对租赁关系的保护时间，由《物权法》第190条"订立抵押合同前"变更为"抵押权设立前"，同时要求"转移占有"。此次对"抵押不破租赁"规则的修改，主要是考虑到实践中存在抵押人为规避抵押权，恶意出租抵押财产的情形。因此，在总结各地法院对"抵押不破租赁"纠纷审判经验的基础上，修改了有关法律规定,要求必须存在真实的租赁关系才可对抗抵押权,因此将"转移占有"作为判断标准。该规定的影响主要体现为:第一,对于租赁人而言,若要保证自身权益,租赁之前要核实租赁物是否设置抵押权,并尽早占有租赁物,此外也可在租赁合同中约定租赁物转移占有前出租人不得在租赁物上设立抵押权,并约定违约责任,以保护租赁权;第二,对于抵押权人而言,在签署抵押合同前,既要关注抵押物上是否存在租赁、是否转移占有,也要在合同签署后尽快办理抵押登记手续。

**问 办理抵押登记需要注意什么?**

**答** 对于抵押权人而言,第一,须关注抵押物的状态,审慎衡量抵押财产转让是否会损害抵押权,做好证据收集和保存,及时主张权利;第二,若抵押物转让不损害抵押权,抵押权人也需及时与抵押人、抵押财产受让人沟通协商,留存相关资料,以备实现抵押权之需。另外,更加需要提醒注意的是财产受让方,也就是抵押财产购买人,《民法典》此次修改增加了受让人的风险。今后我们在购买诸如房产、车辆等高价值财产时,需注意审查有无抵押登记,且该抵押登记有无注明不影响买卖。如购买的财产存在抵押权,则该财产的购买对价一般需扣除有关抵押权担保价值,另外应考虑购买抵押财产可能存在的拍卖、变卖风险。

**问 《民法典》中还有哪些有关抵押权的规定是需要我们特别关注?**

**答** 在实践中,我们老百姓经常碰到抵押权问题的是在商品房买卖领域,在商品房开发,特别是在期房销售纠纷问题中,常见建设工程优先权、金融机构抵押权、房屋买受人优先权这几种优先权的竞合处理问题。与《民法典》配套出台的《最高人民法院关于审理建设工程施工合同纠纷案件适用法律问题的解释(一)》第36条规定:"承包人根据民法典第八百零七条规定享有的建设工程价款优先受偿权优于抵押权和其他债权。"此外,在《民法典》出台前颁布的《全国法院民商事审判工作会议纪要》第126条强调了"交付全部或者大部分款项的商品房消费者的权利优先于抵押权人的抵押权"。但也强调了"此情况是针对实践中存在的商品房预售不规范现象为保护消费者生存权而作出的例外规定,必须严格把握条件,避免扩大范围,以免动摇抵押权具有优先性的基本原则"。

**问** 新规则下,购房消费者优先权具体要符合什么条件?

**答** 因《民法典》出台废除了之前涉及购房消费者的较为明确的法律规定,所以目前司法实践通常参考《最高人民法院关于人民法院办理执行异议和复议案件若干问题的规定》第29条规定,即符合三个条件:一是在人民法院查封之前已签订合法有效的书面买卖合同;二是所购商品房系用于居住且买受人名下无其他用于居住的房屋;三是已支付的价款超过合同约定总价款的50%。当然,这些条件在具体案件中仍然可能存在争议,有待法律的进一步完善,但最主要的原则是看购房者对房屋是否具有生存权意义上的需求。

## 典型案例分析

**以案说法为纠纷处理提供具体的参考**

案件名称:刘某梅、韩某等房屋买卖合同纠纷

案号:(2021)苏03民终8368号

审理法院:江苏省徐州市中级人民法院

案例来源:中国裁判文书网

**基本案情** 2017年5月24日,尤某芹(购买方、乙方)与刘某梅、韩某(出售方、甲方)、案外人泉山区吴泰房产中介所(居间方、丙方)签订《房地产买卖合同》,之后又签订了两份补偿协议,约定刘某梅、韩某出售案涉房屋给尤某芹,合同还对房屋交易的其他事宜作了约定。该合同签订后,尤某芹按约履行了合同义务。2020年10月29日,刘某梅、韩某以案涉房屋抵押贷款。尤某芹起诉要求刘某梅、韩某协助将案涉房产变更登记在尤某芹名下。庭审中,刘某梅陈述,因当地限售政策,案涉房屋2021年3月才能办理网签备案。2021年7月7日,一审法院向尤某芹释明,因本案已涉及银行抵押问题,如果尤某芹坚持诉请过户,则意味着接受涉案房屋上的抵押权。尤某芹一方表示对此知情,并明确要求继续履行合同。

**法院观点** 《民法典》第406条第1款规定,抵押期间抵押人可以转让抵押

财产,抵押财产转让的,抵押权不受影响。刘某梅、韩某在将房屋出售给他人的情况下,在涉案房屋上设立抵押权,不影响尤某芹与刘某梅、韩某之间的房屋买卖合同效力。现案涉房屋已具备办理网签备案及产权变更登记条件,尤某芹主张继续履行房屋买卖合同,要求刘某梅、韩某协助办理案涉房屋产权变更登记手续,有事实和法律依据。

**裁判结果** 尤某芹与刘某梅、韩某均陈述案涉房屋现已具备办理网签备案及产权变更登记的条件,尤某芹主张刘某梅、韩某继续履行合同,协助办理案涉房屋产权变更登记手续,予以支持。本判决生效之日起10日内,刘某梅、韩某协助尤某芹办理坐落于徐州市云龙区泊林公馆(A1-6地块)37号楼1-902室的房屋产权变更登记手续。

**律师分析** 根据原《物权法》第191条的规定,抵押期间,抵押人未经抵押权人同意,不得转让抵押财产;只有得到了抵押权人的同意后,抵押人才能转让抵押财产。因此,原《物权法》采取的是禁止抵押人转让抵押财产的立场。如果抵押人不能得到抵押权人的同意,又想要转让抵押财产,那么只有抵押财产的受让人代为清偿债务消灭抵押权这一条路径可行。在《民法典》编纂时,有观点认为,原《物权法》第191条一律禁止抵押人转让抵押财产的规定并不妥当。因此,《民法典》第406条规定:"抵押期间,抵押人可以转让抵押财产。当事人另有约定的,按照其约定。抵押财产转让的,抵押权不受影响。抵押人转让抵押财产的,应当及时通知抵押权人。抵押权人能够证明抵押财产转让可能损害抵押权的,可以请求抵押人将转让所得的价款向抵押权人提前清偿债务或者提存。转让的价款超过债权数额的部分归抵押人所有,不足部分由债务人清偿。"实践中应注意,抵押期间,抵押权人原则上可以转让抵押财产,且设立抵押权与否并不影响买卖合同的效力。

# 011

# 透视住宅小区车位常见纠纷裁判规则

🎙 FM99.6 厦门综合广播《新闻招手停》第 72 期

主持人：海蕾

主讲人：沈玉洪律师、庄幼留律师

## 热点问题发现

1. 小区地面车位使用权属于开发商还是业主？
2. 地下车位可以安装新能源汽车充电桩吗？
3. 小区可将公共道路及绿化带改成停车位吗？
4. "缩水"的车位，可以返还车位款吗？
5. 人防车位停车费收益归谁所有？

**常见问题解答**

**问** 住宅小区车位常见纠纷有哪些?

**答** 住宅小区车位纠纷不仅有业主与业主之间的车位纠纷,还包括业主与开发商之间的车位纠纷。常见争议除确权纠纷外,还有车位使用纠纷、车位收益纠纷等。

**问** 住宅小区停车位有哪些基本分类?

**答** 关于住宅小区停车位的分类主要有以下几种:

第一,从有无产权进行划分,可分为产权车位与非产权车位,其中非产权车位又包括公摊车位、人防车位。

第二,从建设之初是否经规划部门批准进行划分,可分为规划内停车位和规划外增设停车位。

第三,从按物理空间、地理位置角度进行划分,可分为地面停车位(露天停车位)、架空层停车位、地下停车位。现行民用住宅建筑中地下停车位,又可以分为人防停车位和非人防普通停车位。

第四,从是否封闭、是否为独立建筑物的角度划分,停车位可分为车库和车位。

**问** 地面、地下、架空层三种停车位,各自的权属如何界定?对此《民法典》作了哪些规定?

**答** 对地面停车位而言,若是利用建筑区划内的道路或绿地修建的,有计入公摊面积的,应当属于业主共有。《民法典》第274条与第275条对此作出了明确规定。《民法典》第274条规定了建筑区划内的道路,其他公共场所、公用设施和物业服务用房,属于业主共有,城镇公共道路的除外。第275条第2款也规定了占用业主共有的道路或者其他场地用于停放汽车的车位,属于业主共有。

对地下非人防普通产权车位而言,建成还未出售给业主的车位所有权属于房地产开发商所有,可以买卖;已出售给业主的归业主所有,未出售的归开发商所有。具体法律依据为《民法典》第275条第1款规定,即建筑区划内,规划用于停放汽车的车位、车库的归属,由当事人通过出售、附赠或者出租等方式约定。

对地下人防停车位而言,人防车位的所有权属于国家所有,因此人防停车位不能买卖。

对架空层停车位而言,已被计入容积率的,视为配套设施,依据初始登记情况确定其权属;若在规划许可证中已将其架空层车位划为公共用途的停车场,且存在占用业主共有的道路或其他场地建设的,归业主共有;若架空层停车位是独立于物业管理用房,楼梯等公共设施、公共面积之外,未被计算容积率的,属于开发商所有。

问 司法实践中对建筑区划内,规划用于停放汽车的车位、车库的归属在出售、附赠或者出租时发生争议的案件,法院如何审查?

答 根据《民法典》第275条的规定,司法实践主要从以下两个方面进行审查：

第一，看争议停车位是规划内停车位，还是规划以外增设的停车位。如属于后者，根据法律规定，为全体业主共有。

第二，如果是规划内停车位，应审查当事人之间是否存在关于停车位归属的约定，根据当事人的约定来确定车位归属问题。

**问 利用建筑区划内的道路或绿地修建的地面车位使用权属于开发商还是业主？**

**答** 《民法典》第275条第2款规定，占用业主共有的道路或者其他场地用于停放汽车的车位，属于业主共有。在地面车位使用权案件中，并不仅以是否有规划进行界定权属，重要的是审查有无占用业主的共有的道路。因此，即使商品房买卖合同约定了地面、地下停车位使用权均归开发商所有，也不能就此认为开发商享有地面停车位使用权，还要审查关于地面车位的约定内容是否属于对买受方合理享受业主主要权利的排除等。

**问 地下车位可以安装新能源汽车充电桩吗？**

**答** 安装充电桩是新能源汽车实现使用目的不可或缺的设备，司法实务案例多认为业主或是租期较长的租户有权在其使用的车位上安装与汽车相配套的充电桩。充电桩进小区，物业公司作为业主委员会或业主大会授权的管理单位，不得以安装充电桩后会存在安全隐患为由阻扰充电桩基础设施的合法建设需求,而应依法依规积极作为,对安装充电桩予以配合和协助。因此,地下车位使用人或产权人履行完相关申报审批流程,检测合格具备安全安装的条件下,有权在车位上安装新能源汽车充电桩。

**问** 小区物业公司与业主委员会可以将公共道路及绿化带改成停车位吗?

**答** 根据《民法典》第274条(原《物权法》第73条)的规定,"建筑区划内的绿地,属于业主共有,但是属于城镇公共绿地或者明示属于个人的除外"。物业公司作为小区的环境、秩序管理维护单位,并不享有未经同意、擅自处分的权利。小区绿化带如果要改为停车位,首先要确定小区内的绿化面积是否达标,若不达标是不可以随意更改的,在改建后能达标的,应履行相应的申报审批手续。如果业主委员会、物业公司认为有必要对小区绿化带进行车位工程改造,以缓解小区停车压力,在改建后仍然能达到绿化标准的,我们建议应严格履行下面的流程:第一,先提请业主大会表决,通过绿化带改车位方案;第二,以上事项表决通过后,携带所需相关文件报规划、(园林)绿化部门审批改造方案;第三,审批通过后,申请使用专项维修资金、实施车位改造方案。

**问** 如果购买的产权车位尺寸"缩水",可以起诉开发商返还车位款吗?

**答** 首先要看车位买卖合同关于车位的长度和宽度等重要条款是否有作约定,如果车位买卖合同约定不明,接下来需要审查开发商交付车位尺寸是否达到国家标准;如果开发商交付的车位完全不符合《车库建筑设计规范》要求,将严重阻碍买受人正常使用车位之合同目的,可能构成根本违约。根据《民法典》第563条第1款第4项的规定,买受人对车位"缩水"造成无法使用的,享有法定解除权,有权主张解除车位合同、要求开发商返还车位款并承担违约责任。

**问** 购买住宅小区车位,需要注意什么?

**答** 第一,在选购小区车位时,要清楚所选购的车位的性质,是哪一类停车位、所购车位是享有使用权还是享有所有权,且要查看开发商是否具备车位产权证或具备办理产权证的条件;第二,对已建成的现有车位买卖,须事先实地查看车位大小、位置与相邻车位的距离,有无瑕疵等;第三,重视签订车位买卖合同,认真仔细审查合同条款内容,尤其关键条款:对车位尺寸、价款、位置、权属性质、交付时间等作重点审查;第四,未建成的规划车位在交付时,一定要到现场实地测量、仔细查看车位位置和尺寸并确认是否符合合同约定以及住房和城乡建设部发布的行业标准《车库建筑设计规范》。

## 典型案例分析

以案说法为纠纷处理提供具体的参考

案件名称：南平市X物业服务有限责任公司、南平市F物业服务有限公司、南平市Y区江南中央.金地小区业主委员会、南平市Y区国有资产运营有限责任公司返还原物纠纷

案号：(2022)闽07民终323号

审理法院：福建省南平市中级人民法院

案例来源：中国裁判文书网

**基本案情**　案涉小区开发商与南平市Y区国有资产运营有限责任公司(以下简称国有资产公司)签订相关协议将102个人防停车位使用权转让给国有资产公司使用，国有资产公司与南平市X物业服务有限责任公司(以下简称X物业公司)签订地下停车位经营权承包合同将102个车位发包给X物业公司经营。后案涉小区业主委员会换届，并选择了南平市F物业服务有限公司(以下简称F物业公司)作为案涉小区的物业服务公司。F物业公司在进驻案涉小区后，以自己的名义收取案涉102个人防停车位的停车费。X物业公司起诉F物业公司及案涉小区业主委员会要求移交102个人防停车位的管理权并赔偿X物业公司的

经济损失等。

**法院观点** 关于案涉人防车位与非人防车位使用权的问题。首先,规划范围内未约定归属的地下车位。对地下车位没有约定的,原始权利应当归属开发商,其才可以出售、附赠、出租。建造地下车库的地下空间的使用权归属房地产开发商,地下车库的原始所有权也应归属房地产开发商。国防资产属于国家。因此,依法配建的人防车位所有权属于国家,不宜认定属于建设单位或者全体业主所有,故不能办理产权证,也不能对外出售。虽然开发商对人防车位没有所有权,但根据《人民防空法》第5条第2款之规定,人民防空工程平时由投资者使用管理,收益归投资者所有。故案涉小区开发商转让案涉102个人防停车位使用权的行为,系有权处分,合法转让,国有资产公司依据合同约定依法取得案涉102个人防停车位的使用权。国有资产公司将案涉人防停车位的经营权发包给X物业公司,相关合同合法有效。

**裁判结果** 一审法院判决:(1)F物业公司应于本判决生效之日起10日内向X物业公司赔偿损失;(2)南平市Y区江南中央·金地小区业主委员会对本判决确认的F物业公司第1项债务承担连带赔偿责任;(3)驳回X物业公司的其他诉讼请求。二审法院维持原判。

**律师分析** 人防车位具备战备性,是战时保障一切组织和个人生命财产安全的公共服务设施,同时人防车位平时可作为车位停车,有一定的经济属性。投资建设人防工程是开发商的法定义务,开发商对新建民用建筑进行建设时必须依据国家相关规定结建人防工程。根据《人民防空法》第5条第2款、《福建省人民防空条例》第23条的规定,人防车位应遵循"谁投资、谁受益"的原则,开发商负责投资承建,建筑成本由开发商承担,人防停车位的使用权和停车收益权属于投资开发商,人防停车费作为投资开发商的收益,有权委托物业公司进行代收、不属于业主共有的收益。

## 012

# 业主撤销权，你主张对了吗？

🎙 FM99.6厦门综合广播《新闻招手停》第69期

主持人：海蕾

主讲人：李苏律师、林宇翔律师

### 热点问题发现

1. 已入住但尚未办理产权登记的购房者是否享有业主撤销权？
2. 投赞成票的业主能否以合法权益受损而行使撤销权？
3. 业主能否就物业服务合同内容行使业主撤销权？

## 常见问题解答

**问** 何为业主撤销权?

**答**《民法典》第280条第2款规定:"业主大会或者业主委员会作出的决定侵害业主合法权益的,受侵害的业主可以请求人民法院予以撤销。"《最高人民法院关于审理建筑物区分所有权纠纷案件适用法律若干问题的解释》第12条规定:"业主以业主大会或者业主委员会作出的决定侵害其合法权益或者违反了法律规定的程序为由,依据民法典第二百八十条第二款的规定请求人民法院撤销该决定的,应当在知道或者应当知道业主大会或者业主委员会作出决定之日起一年内行使。"根据上述两个规定,业主撤销权主要是指如业主大会或业主委员会的决议存在违反程序规定或侵害业主合法权益的情形,相关业主可请求予以撤销的权利。

**问** 业主撤销权中的业主主要是指哪些人?

**答**《最高人民法院关于审理建筑物区分所有权纠纷案件适用法律若干问题的解释》第1条规定,业主是指取得建筑物专有部分所有权的人。而所谓建筑物专有部分,具有以下三个特点:构造上具有独立性,能够明确区分;能够独立、排他使用;能够登记为特定业主所有权。具体而言,法律意义上的业主包括以下五种情况:第一,依法办理所有权登记的建筑物专有部分所有权人;第二,与开发商签订《商品房买卖合同》且已经合法占有建筑物专有部分,但尚未办理所有权登记的人;第三,因人民法院、仲裁委员会的法律文书或者政府的征收决定取得建筑物专有部分的所有权人;第四,因继承或者受遗赠取得建筑物专有部分的所有权人;第五,因合法建造房屋的事实行为取得建筑物专有部分的所有权人。

**问** 业主的合法权益如何理解?

**答** 业主的合法权益,通常是指业主基于建筑物区分所有享有的合法权利,包括对建筑物内的住宅、经营性用房等专有部分享有所有权,对专有部分以外的共有部分享有共有和共同管理的权利。

**问** 如何判断业主大会或业主委员会的决议是否违反程序规定?

**答** 程序审查主要包括以下两个方面,即是否符合"多数决"规则以及征求意见过程是否合法合规。所谓"多数决"规则,《民法典》第278条明确规定了由业主共同决定的事项应当经专有部分面积占2/3以上且总人数占2/3以上的业主参与表决。其中"筹集建筑物及其附属设施的维修资金"、"改建、重建建筑物及其附属设施"以及"改变共有部分的用途或利用共有部分从事经营活动"的,应适用"特别多数决规则",即经参与表决专有部分面积及人数均超3/4以上业主同意。其他事项则适用"一般多数决规则",经参与表决专有部分面积及人数均超过1/2以上业主同意。

**问** 如何审查征求业主意见的过程是否合法合规？

**答** 司法实践中，一般是综合从表决票数量是否合理、是否合理送达、是否系业主本人签字、如代签有无相应授权、计票方式是否公开透明、计票人员是否与决议事项存在利害关系、表决过程是否有行政主管部门、房屋管理部门、街道居委会等人员参与监督指导等予以综合认定。

**问** 业主委员会以全体业委会委员会议讨论的形式作出出租地下车库公共位置的决定，小区业主能否要求撤销该决定？

**答** 根据《民法典》第278条的规定，改变共有部分的用途或者利用共有部分从事经营活动属于业主共同决定事项，应当由人数及专有部分面积双过2/3以上参与表决且经参与表决的人数及面积双过3/4同意才可以。地下车库公共位置属于全体业主共有，全体业主对地下车库公共位置的共有部分享有共有和共同管理的权利。该事项应由业主大会作出决定才可以。业主委员会作出决议显然超过了其所能够决定的范围，业主委员会以全体业委会委员会议讨论的形式作出决定不仅在程序上违反了小区的议事规则，实体上也侵害了业主的合法权益，依法应当予以撤销。

**问** 如果业主在业主大会上就表决的事项投赞成票，该业主还能以合法权益受损而行使撤销权吗？

**答** 一般在这种情况下，该业主是不能行使撤销权的。因为业主在投票前,应对决议内容是否侵害其权益、是否符合其利益作明确判断,这也是业主投票制度的当然含义。既然业主在投票前已经衡量过决议内容对其有利,业主才投赞成票,根据诚实信用和禁止反言的原则,此时业主不得再以决议内容侵害其权益要求撤销决议。

**问** 投赞成票的业主,能否以决议侵害其程序性利益或违反法定程序为由要求撤销决议?

**答** 可以的。业主大会和业主委员会的决议,除了实体上应符合法律规定外,程序上也不能违反法律规定或侵犯业主的程序性权利。投赞成票的业主,只是对决议的实体性内容表示认同,并不代表对决议程序合法的认同。尤其决议的部分程序是在业主投票之后进行的,如唱票、计票、表决统计等,这些都是业主在投票后无法掌控的事宜。因此,不能以业主投赞成票,而简单地认定业主对决议的实体和程序均表示认同。

**问** 哪些主体可作为业主撤销权的被告,物业公司能否作为业主撤销权的被告?

**答** 业主撤销权针对的是业主大会和业主委员会的决议。一般而言,针对业主委员会的决议,应以业主委员会为被告;针对业主大会的决议,应以业主大会为被告。但业主大会作为全体业主集体决策共有以及共同管理事项的议事会议,本身并不具有实体性,而业主委员会作为业主大会的常设执行机构负责处理日常事务,从应诉能力、诉讼便捷处理等方面考量,目前实践中对此类情形大多是将业主委员会列为被告,相应诉讼后果仍由全体业主承担。

**问** 业主如果发现业主委员会签署的物业服务合同中有内容损害业主合法权益,是否可以撤销该物业服务合同中的内容?

**答** 业主撤销权的对象是业主大会或业主委员会的决定,业主大会或业主委员会与物业公司等签订的合同并非业主撤销权的对象。业主个人无权就物业服务合同中的内容行使撤销权。如业主坚持要求撤销物业合同的内容,法院将可能裁定驳回业主起诉。有的法院也会向当事人进行释明:虽然业主不能要求撤销物业服务合同的内容,但物业服务合同的内容一般有业主大会或业主委员会的相应决议作为依据,业主可请求撤销物业服务合同订立所依据的业主大会或业主委员会的相关决议。

**问** 业主撤销权是否有期限限制?

**答** 这个撤销权是有期限的。根据《最高人民法院关于审理建筑物区分所有权纠纷案件适用法律若干问题的解释》,业主应当在知道或者应当知道业主大会或者业主委员会作出决定之日起1年内行使。这里的1年应当是除斥期间,不发生中止、中断或者延长的法律效力。

**问** 如何判断"知道或应当知道"业主大会或者业主委员会作出决定之日?

**答** 一般情况下,以业主大会或者业主委员会的决定公布、公示或传达等业主稍加注意就能得知作为标准,如发布于即时通讯工具(微信、QQ)

或刊登、张贴于实体公告栏、楼道、门卫等相对公共场所之日起算。

> **典型案例分析**
>
> 以案说法为纠纷处理提供具体的参考
>
> 案件名称：李某某与西安市某小区业主委员会业主撤销权纠纷
>
> 案号：(2021)陕01民终4631号
>
> 审理法院：陕西省西安市中级人民法院
>
> 案例来源：中国裁判文书网

**基本案情** 原告李某系西安市某小区业主，其所在小区业主大会于2019年7月21日通过了选举第三届业委员会的决议。李某认为该决议程序存在以下违法情形，已严重损害了其合法权益：业主大会的召集和组织主体违法；表决结果未能达到法律规定的比例要求，未能形成有效决议；业主大会的投票方式违反法律规定及《业主大会议事规则》；业主大会选举的业主委员会组成人员不具有法律规定的任职资格；投票结果公然造假。为维护其合法权益，原告将小区业主委员会诉至法院，请求撤销该小区业主大会于2019年7月21日通过的选举第三届业主委员会的决议。

**法院观点** 业主大会或者业主委员会作出的决定侵害业主的实体权利、作出决定的程序违反法律规定情形的,受侵害的业主可以请求人民法院予以撤销。案涉小区业主大会2019年7月22日《关于……小区业主大会会议决议的公告》中关于建筑物总面积及业主总人数的确定违反了法律规定。另外,案涉小区业主委员会未提交原始票或其他证据证明其核实投票人的身份及委托投票是否合法,也未举证证明唱票过程,亦未提交证据证明投票是否是业主的真实意思表示,还未提交证据证明此次业主大会会议记录等证据,故案涉决议违反法律规定及法定程序,侵犯了业主的合法权益。

**裁判结果** 该案经一审、二审程序,最终裁判撤销案涉小区业主大会于2019年7月21日通过的选举第三届业主委员会的决议。

**律师分析** 业主撤销权是指如业主大会或业主委员会的决议存在违反程序规定或侵害业主权益的情形,相关业主可请求予以撤销的权利。司法实践中,法院在审理业主撤销权案件时主要从五个方面进行审查:第一,审查主体是否适格,审查原告是否为有权业主,审查被告是否是业主大会或业主委员会;第二,审查撤销对象是否是业主大会或业主委员会作出的具体决议;第三,审查业主知道或应当知道相关决议作出之日起是否经过1年;第四,审查程序是否违反法律法规;第五,审查实体是否侵害业主合法权益。

本案中,原告为某小区业主,被告为该小区的业主委员会,原告要求撤销的是业主大会于2019年7月21日通过的选举第三届业主委员会的决议。原告提起该业主撤销权之诉未超过1年。由此可以看出,本案的诉讼主体、撤销对象、行使期限均符合业主撤销权之诉的要求。

需要特别说明的是,原告要求撤销的是业主大会的决议,为何却以业主委员会为被告。主要原因是我国现行的法律并没有赋予业主大会民事诉讼的主体资格,而业主委员会作为民事诉讼当事人已得到实践的认可,并且业主委员会是业主大会的执行机构,业主大会作出决定的相关资料由业主委员会收集和保管,业主委员会可以代表业主大会参加诉讼并就作出决定的合法性进行举证。因此,在业主撤销权诉讼中,一般是以业主委员会作为被告。

本案业主大会的决议之所以被撤销,主要是其决议违反了法律规定的程序。如前所述,业主大会的决议要符合"多数决"规则、征求意见的过程也需合法合规。然而该案中,业主委员会提供的证据不足以证明决议已符合"多数决"规则,也无法证明征求意见的过程合法(包括无法证明表决票系业主本人签字,代签有无相应授权,计票客观公正等)。据此,法院认定该决议程序违法。另外,若业主发现业主大会或业主委员会决议侵害了自己的实体权利(包括业主的专有权、共有权和成员权)也可提起业主撤销权之诉。

## 013

# 解读"容易被忽视的业主权利——知情权"

🎤 FM99.6 厦门综合广播《新闻招手停》第 58 期

主持人：海蕾

主讲人：李苏律师、林宇翔律师

### 热点问题发现

1. 什么是业主知情权？
2. 业主知情权的范围？
3. 如何行使业主知情权？

## 常见问题解答

**问 何为业主知情权？**

**答** 所谓业主知情权,是指业主了解建筑区划内涉及业主共有权以及共同管理权相关事项的权利。简言之,就是业主有权知悉有关物业的信息,并可要求相关义务人全面、合理公开其掌握的情况和资料。业主的知情权系业主享有的一项重要权利,该权利是基于业主作为建筑区划内的区分所有人在由全体区分所有人组成的共同体中的成员地位所取得、享有的固有权利,是业主基于不动产物权而取得的权利。业主转让建筑物内的住宅、经营性用房,业主知情权作为其对共有部分享有的共同管理的权利亦一并转让。

**问 业主具体对哪些事项可以行使知情权？**

**答** 《最高人民法院关于审理建筑物区分所有权纠纷案件适用法律若干问题的解释》第13条对业主知情权的范围进行了明确的规定。该条规定:"业主请求公布、查阅下列应当向业主公开的情况和资料的,人民法院应予支持:(一)建筑物及其附属设施的维修资金的筹集、使用情况;(二)管理规约、业主大会议事规则,以及业主大会或者业主委员会的决定及会议记录;(三)物业服务合同、共有部分的使用和收益情况;(四)建筑区划内规划用于停放汽车的车位、车库的处分情况;(五)其他应当向业主公开的情况和资料。"

**问** 什么是建筑物及其附属设施的维修资金？为何业主可以请求公布、查阅该材料？

**答** 建筑物及其附属设施的维修资金是指经筹集应当用于区分所有建筑物共有部分以及区分所有权人共用附属设施的维护、修缮和更新的费用。根据《民法典》第281条第1款的规定，建筑物及其附属设施的维修资金，属于业主共有。经业主共同决定，可以用于电梯、屋顶、外墙、无障碍设施等共有部分的维修、更新和改造。建筑物及其附属设施的维修资金的筹集、使用情况应当定期公布。从《民法典》的上述规定也可以看出，业主系有权知悉建筑物及其附属设施的维修资金的筹集、使用情况。

**问** 为何业主可以查阅管理规约、业主大会议事规则以及业主大会或者业主委员会的决定及会议记录？

**答** 管理规约是指建筑区划内的所有业主以书面的形式订立的关于区分所有建筑物及其附属设施的管理、利用、收益以及处分等事项的规则，也就是全体业主订立的关于建筑区划内事务的自治规则。议事规则是有关业主大会制度中的程序性规定，是从程序上对业主大会议事进行规范的规则。此外，业主委员会实际上是全体业主为了方便建筑区划内日常事务的管理通过选举所设定的组织。业主大会或者业主委员会所作的决定均应对业主公开，并且在对有关事项进行讨论和表决过程中均有会议记录。由此可见，这些都与业主的权益息息相关，业主有权请求公布、查阅。

**问 应该怎么理解业主对"建筑区划内规划用于停放汽车的车位、车库的处分情况"的知情权？**

**答** 根据《民法典》第275条的规定，建筑区划内，规划用于停放汽车的车位、车库的归属，由当事人通过出售、附赠或者出租等方式约定。占用业主共有的道路或者其他场地用于停放汽车的车位，属于业主共有。简单来讲，小区的停车位有一部分属于业主专有部分，有一部分则可能是全体业主共有的。作为小区业主，实际上很难了解小区停车位到底哪些是专有哪些是共有。为此法律赋予业主知情权，对于"建筑区划内规划用于停放汽车的车位、车库的处分情况"可以要求公开和查阅，这就为业主了解小区车位的具体情况提供了明确的法律依据。

**问 业主具体可以向谁主张知情权？**

**答** 作为业主，不仅要了解享有什么权利，更重要的是要了解如何行使权利、向谁行使权利。总体来讲，业主应该向负有相应公布、供业主查询义务的主体查阅有关信息、行使知情权。

**问 公共维修资金的使用情况，业主可向谁提出查阅的要求？**

**答** 在现实生活中，业主缴存的建筑物及其附属设施的维修资金通常由有关单位代管或者监管。在业主大会成立之前，该维修资金的代管单位是物业所在地直辖市、市、县人民政府建设房地产主管部门；在业主大会成立之后,该维修资金的代管单位将把该物业管理区域内业主交存的专项维修资金账面余额划转至业主大会开立的专项维修资金账户,并将有关账目等移交业主委员会,由于专项维修资金划转后的账目管理单位由业主大会决定。因而建筑物及其附属设施的维修资金的监管单位应根据业主大会的决定确定,既有可能是业主委员会监管,亦有可能是业主大会委托的物业公司监管。

**问** 其他如管理规约、共有部分的使用和收益情况等,业主该向谁提出公开或查阅的主张?

**答** 由于管理规约以及业主大会议事规则通常由业主委员会保管,因而业主申请查询的义务主体应为业主委员会。此外,业主大会或者业主委员会所作的决定均应对业主公开,并且在对有关事项进行讨论和表决过程中均有会议记录,就此类事项而言,义务主体应为业主大会或者业主委员会。关于物业服务合同、共有部分的使用和收益情况的问题,由于物业服务企业是物业服务合同的缔约主体,也是物业费的收取和支出主体,还是利用业主共有部分经营的主体,因而对此类事项而言义务主体是物业服务企业。

**问** 对于业主行使知情权的方式,法律规定有什么特别的规定?

**答** 《最高人民法院关于审理建筑物区分所有权纠纷案件适用法律若干问题的解释》第13条规定,业主行使知情权的方式是请求公布或请求查阅。现实生活中,业主知情权的实现一方面是业主委员会在业主大会定期会议前就物业管理、业主委员会工作、业主大会收支等情况向业主公告相关情况报告或者是在业主大会上业主委员会、物业服务企业或其他管理人员所做的年度工作报告或是物业服务企业主动公示公维金、水电公摊以及共有收益明细等情况;另一方面是业主主动要求对相关情况和资料进行查阅,还可以就涉及自身利益的事项向业主委员会等义务主体提出询问。如果义务主体未依职责对相关情况或资料予以公布,或者业主依法行使知情权请求查阅遭到拒绝,业主则可以提起业主知情权纠纷之诉,请求义务主体公布或请求查阅。

## 典型案例分析

**以案说法为纠纷处理提供具体的参考**

案件名称:孙某某与南京市某小区业主委员会业主知情权纠纷

案号:(2015)鼓民初字第4041号

审理法院:江苏省南京市鼓楼区人民法院

案例来源:最高人民法院公报案例

**基本案情** 原告系南京市某小区业主,本届业主委员会自2012年12

月接手小区以来,管理混乱,财务收支不透明,从不公开依法应公开的信息,致原告等广大业主合法权益受到损害。原告曾至业主委员会要求查询相关信息被借故推脱。为维护业主合法权益,原告向法院提起诉讼,请求依法判决:(1)被告在小区公告栏公布下列情况及资料:公布小区建筑物及附属设施的维修资金筹集使用情况;公布本届业主委员会所有决定、决议和会议记录;公布本届业主委员会与物业公司之间的服务合同和共有部分的使用及收益情况;公布本小区停车费收支分配和车位处分情况;公布本届业主委员任期内的各年度财务收支账目、收支凭证。(2)诉讼费用由被告承担。

**法院观点** 业主有权请求公布、查阅《最高人民法院关于审理建筑物区分所有权纠纷案件具体应用法律若干问题的解释》第 13 条规定的资料。业主委员会应保障业主对上述资料进行查阅的权利,并及时公布与业主利益相关的资料。

**裁判结果** 被告南京市某小区业主委员会于本判决生效之日起 30 日内在小区公告栏内或公共区域内张贴公布本届业主委员会成立以来小区建筑物及附属设施的维修资金筹集使用情况、业主委员会的决定决议和会议记录、共有部分的使用及收益情况、小区停车费收支分配及车位处分情况、各年度财务收支账目明细收支凭证。

**律师分析** 业主对小区公共事务和物业管理的相关事项享有知情权,可以向业主委员会、物业公司要求公布、查阅依法应当向业主公开,且确由业主委员会和物业公司掌握的情况和资料。原告作为业主,可以向被告主张公布由被告掌握的情况和资料。根据《最高人民法院关于审理建筑物区分所有权纠纷案件具体应用法律若干问题的解释》第13条之规定,业主有权请求公布、查阅以下资料:(1)建筑物及其附属设施的维修资金的筹集、使用情况;(2)管理规约、业主大会议事规则,以及业主大会或者业主委员会的决定及会议记录;(3)物业服务合同、共有部分的使用和收益情况;(4)建筑区划内规划用于停放汽车的车位、车库的处分情况;(5)其他应当向业主公开的情况和资料。因此,本案原告的诉请有事实和法律依据,应予支持。

另外,《民法典》的颁布使小区业主的权利更加清晰明确,加上各部门有关规定的出台,使小区的管理将有可能变得更加规范。但是,小区业主们在实际生活中往往容易忽视法律法规所赋予的权利,这就使有些侵犯业主的行为时有发生并且往往不为外界所知悉。希望大家能够善于发现身边发生的一些违法行为,并及时拿起法律的武器维护自身的合法权益,同时也应当注意自己行使权利的合法边界、理性维权。

## 014

# "悬在城市上空的痛"——"高空抛物"的法律责任承担

🎙 FM99.6 厦门综合广播《新闻招手停》第 45 期

主持人:海蕾

主讲人:柳冰玲律师、蔡甄如律师

### 热点问题发现

1. 高空抛物行为人应当承担什么责任?
2. 高空抛物的受害人是否有可能承担责任?
3. 侵权人不明,如何分担损失?

## 常见问题解答

**问** 高空抛物行为人应当承担什么责任？

**答** 根据现有法律规定，一旦行为人作出了高空抛物的行为，可能面临受害人提起民事诉讼进而承担民事责任或者是被检察机关提起刑事诉讼进而承担刑事责任的后果，具体如下：

首先是高空抛物应当承担的民事责任。《民法典》第1254条第1款规定，"从建筑物中抛掷物品或者从建筑物上坠落的物品造成他人损害的，由侵权人依法承担侵权责任"，即需赔偿受害人的损失，包括财产及人身损失。例如，从楼上扔下去一个苹果把停在楼下的车玻璃砸碎了，则需赔偿车主的财产损失。若扔下去的苹果不幸砸伤路人，则需赔偿医疗费、护理费、交通费、营养费、住院伙食补助费等治疗和康复需要的费用。如果该名路人经鉴定构成伤残，还需赔偿辅助器具的费用和残疾赔偿金。如果造成死亡，还需赔偿丧葬费用及死亡赔偿金等。

其次是高空抛物应当承担的刑事责任。《刑法》第291条之二第1款规定："从建筑物或者其他高空抛掷物品，情节严重的，处一年以下有期徒刑、拘役或者管制，并处或者单处罚金。"

**问** 高空抛物的受害人是否有可能承担责任？

**答** 若高空抛物案件中被侵权人本身存在一定过错，则其需自行承担对应的责任。武夷山市有一起公开的高空抛物案件，原告将汽车违规停放在摩托车停放处，被告家中窗户脱落，砸中原告车辆。法院认为，根据《民法典》的规定，被告对其所有的房屋负有管理并采取必要的安全保障措施的义务，因其房屋窗户突然坠落造成原告车辆受损，被告依法应承担侵权赔偿责任。但《民法典》同时规定，被侵权人对同一损害的发生或者扩大有过错的，可以减轻侵权人的责任。本案中，原告驾驶机动车违章停车，自身亦存在一定过错，可以减轻被告的责任。法院酌定由被告一方承担70%的责任，原告一方自负30%的责任。

**问 如何认定高空抛物达到"情节严重"？**

**答** 具体可以综合以下方面判断是否属于"情节严重"、可否认定为高空抛物罪：第一，看行为人高空抛掷的物品类型。例如，抛掷菜刀与抛掷易拉罐两者的主观恶劣程度是明显不同的。第二，看行为人高空抛物的位置，包括行为人所在楼层数、楼下的具体情况等。例如，从二楼往楼下空地抛物与从二十楼往楼下人流密集的人行道抛物，后者明显情节更严重。第三，看行为人高空抛物的次数。例如，厦门第一例高空抛物罪，被告人胡某因情绪失控在2021年6月、7月均实施了高空抛物行为，甚至在被起诉至海沧法院时，仍再次向楼下抛物，法院结合高空抛物所在位置等多种比较严重的情况，最后综合判断认定胡某构成高空抛物罪。其他的判定标准如有行为人高空抛物的时间是否属于出行高峰期、高空抛物行为造成或可能造成的危害后果等。

**问** 侵权人不明,如何分担损失?

**答**《民法典》第1254条规定:"经调查难以确定具体侵权人的,除能够证明自己不是侵权人的外,由可能加害的建筑物使用人给予补偿。可能加害的建筑物使用人补偿后,有权向侵权人追偿。"即在侵权人不明的情况下,由可能实施该高空抛物行为的人给予补偿。

**问** 除侵权人或可能实施高空抛物行为的人承担责任外,是否还有其他主体可能需承担责任?

**答**《民法典》第1254条第2款规定:"物业服务企业等建筑物管理人应当采取必要的安全保障措施防止前款规定情形的发生;未采取必要的安全保障措施的,应当依法承担未履行安全保障义务的侵权责任。"物业服务企业常见的安全保障措施主要包括以下三个方面:

首先是安全防护措施,如设置安全警示标志、防护栏、防护网、防护带、监控设备等。对于高层建筑,可以在一楼外围设置绿化作为防护带,主动隔开行人与建筑物墙体的距离。对于停车位紧邻的建筑物较少安装窗户、阳台防盗栏的,可以在停车位上加装车棚等防护措施。

其次是禁止高空抛物的安全宣传,如在小区每家每户门口或是电梯公示栏上张贴《温馨提示》,搭配突出法律规定及典型案例,提醒住户禁止高空抛物。其中可以着重宣传:在侵权行为人身份无法确定的情况下,依法应由建筑物内可能实施高空抛物行为的人给予补偿。通过此种方式督促业主在生活起居中增强注意自家及邻居家阳台、窗台物品的摆放。进一步讲,在如今大部分小区均设有业主群的情况下,物业公司亦可通过微信群发送禁止高空抛物的温馨提示、推送相关法律规定及典型案例文章等较为简便、也方便业主阅读的方式进行宣传。

最后是日常巡逻,通过巡逻发现小区内一些较为危险、可能随时会掉落的物品,及时提醒业主注意。例如,对于室外安装的花架上摆放的花盆,在台风来临之际,物业公司可提醒业主及时收回花盆,避免砸伤行人。

**问** 除物业公司要加强管理外,是否有政府机关也需要承担相应的职责?

**答**《民法典》第1254条第3款规定:"发生本条第一款规定的情形的,公安等机关应当依法及时调查,查清责任人。"2021年年底,一枚燃烧的烟头砸中了楼下停放的婴儿车,公安机关在接警后立即到达现场进行处置,由于无人承认,公安机关对烟头上的DNA进行采集检测,并在小区展开DNA比对排查工作。几天后,某居民主动到派出所自首,并向受害人诚恳道歉,事情也得到圆满解决。在高空抛物事件发生后,公安机关根据《民法典》的规定介入调查,利用其技术力量获取线索,迫使具体侵权人主动承担责任,可以有效地避免因事态扩大造成的司法资源及其他社会资源的浪费。

## 典型案例分析

**以案说法为纠纷处理提供具体的参考**

案件名称：管某诉刘某等不明抛掷物、坠落物损害责任纠纷

案号：(2017)皖01民终4324号

审理法院：安徽省合肥市中级人民法院

案例来源：中国裁判文书网

**基本案情** 管某将车辆停放在某小区5栋住宅楼北面楼下，隔日清晨管某发现该车辆被一花盆砸中，报警后公安机关亦无法找到具体侵权人。管某维修该车辆实际支出9550元。刘某、朱某、董某、徐某系该小区5栋业主，事发时董某的房屋实际租赁给他人使用，徐某房屋的北面窗户安装防盗窗，刘某抗辩自己因腰部及右关节疼痛卧床不起、爱人秦某在案发时人在单位，朱某未提供证据。庭审时，法庭询问管某是否要求追加董某的承租人为本案被告，管某表示不要求追加承租人为被告，并愿意承担相应诉讼风险。

**法院观点** 从建筑物中抛掷物品或者从建筑物上坠落的物品造成他人损害，难以确定具体侵权人的，除能够证明自己不是侵权人外，由可能加害

的建筑物使用人给予补偿。综合本案案情,应由朱某、刘某承担补偿责任,并由管某自行承担一部分责任。

**裁判结果** (1)朱某、刘某应于判决生效之日起10日内每人各补偿管某车辆维修费损失1910元;(2)驳回管某的其他诉讼请求。

**律师分析** 《民法典》第1254条规定:"从建筑物中抛掷物品或者从建筑物上坠落的物品造成他人损害的,由侵权人依法承担侵权责任;经调查难以确定具体侵权人的,除能够证明自己不是侵权人的外,由可能加害的建筑物使用人给予补偿。可能加害的建筑物使用人补偿后,有权向侵权人追偿。"本案中,从该小区5栋北面掉落的花盆砸到管某车上,导致管某车辆受损,且报警后公安机关亦无法调查查清侵权人,此时则应由可能加害的建筑物使用人给予补偿:第一,徐某,其家中北面窗户安装了防盗窗,可以排除其责任。同时,因公开案例未明确写明,对于此类情况,还应进一步举证证明花盆的尺寸不可能通过防盗窗掉落。第二,董某,事发时其房屋实际租赁给他人使用,可以排除董某的责任,此时管某可追加承租董某房屋的租户作为被告,但因管某拒绝追加,故租户应承担的责任应由其自行承担。第三,刘某,其虽抗辩自己长期生病,但若无法提供证据证明该病症实际达到卧床不起的程度,亦无法排除其实施高空抛物行为的可能。最终,法院未采纳其抗辩并判定其应承担相应责任。第四,朱某,因其未提供证据,故应承担相应责任。第五,管某,除前述应由其自行承担的董某租户责任外,其将案涉车辆紧邻居民住宅楼随意停放,影响小区业主的正常通行,其自身存在一定过错,应承担相应责任。

前述徐某、董某通过证明窗户安装防盗窗、房屋已经出租等,排除自己实施高空抛物行为的可能。实际上,可以"自证清白"的抗辩理由还有很多。例如,全家出游、家在一楼、房屋仍在装修未有人入住等,并提供充分的证据予以证明。但若确实无法提供证据证明自己没有实施高空抛物行为的可能,则只能就被侵权人的损失给予补偿,在后续查清侵权人后,再行找其追偿。

## 015

## 如何应对噪声污染？

🎤 FM99.6 厦门综合广播《新闻招手停》2022 年 11 月 25 日

主持人：海蕾

主讲人：黄樱律师、王朔琛律师

### 热点问题发现

1. 什么是法律意义上的噪声、噪声污染？
2. 排放噪声、噪声污染的法律后果？
3. 遭遇噪声时应如何维权？

## 常见问题解答 🔊

**问** 何谓法律意义上的噪声？

**答** 2022年6月5日起实施的《噪声污染防治法》第2条规定,噪声是指"在工业生产、建筑施工、交通运输和社会生活中产生的干扰周围生活环境的声音"。法律意义上的噪声判断,一般从两个方面进行:第一,是否在特定领域,即"工业生产、建筑施工、交通运输和社会生活"中产生;第二,是否造成了一定影响,即"干扰周围生活环境"。

**问** 刺耳尖锐的鸟鸣声是否属于法律意义上的噪声？

**答** 根据前述法律规定,野生鸟类的鸣叫并不产生于"工业生产、建筑施工、交通运输和社会生活"的特定领域,也就无法适用《噪声污染防治法》的相关规定。但如果这种刺耳的鸟鸣声来自饲养的宠物而非野生动物,那么就属于"社会生活"这一领域所产生的声音。《噪声污染防治法》第65条第1款也规定"饲养宠物和其他日常活动尽量避免产生噪声对周围人员造成干扰",可见,在饲养的宠物干扰了周围生活环境时,即可能构成法律意义上的噪声。

**问** 噪声污染又指什么？为什么需要区分这两个概念？

**答** 之所以区分"噪声"与"噪声污染"两个概念,是因为噪声是一种产生于特定领域、并使人在心理或生理机能上产生不适的声音,而当这种不适超过了一定范围,就进入了行政管制的领域。

由于每个人对噪声的感受都是不同的,因此为了法律实施的确定性,我国自 1996 年起开始施行的《环境噪声污染防治法》就在"环境噪声"的基础上,设立了"环境噪声污染"这一概念,将其定义为"超过国家规定的环境噪声排放标准"并"干扰他人正常生活、工作和学习的现象"。也就是说,根据此前施行、现已废止的法律规定,没有超标的是环境噪声;超标并产生了干扰现象的则称为环境噪声污染。当相关主体制造环境噪声污染的,就可由相关行政管理部门进行处罚,或依法向其侵害的民事主体承担法律责任。

但自 2022 年 6 月 5 日起,该等将超标作为噪声污染构成要件的法律规定已被新实施的《噪声污染防治法》废止。《噪声污染防治法》将"噪声污染"重新界定为超过噪声排放标准,或者未依法采取防控措施产生噪声,并干扰他人正常生活、工作和学习的现象。

**问** 《噪声污染防治法》颁布后,法律意义上的噪声污染范畴是否发生了变化?

**答** 是的,《噪声污染防治法》实施后,法律意义上的"噪声污染"范围得到了拓宽:除了延续此前规定中的"超标且扰民"这一判断标准,新法还增设了"未依法采取防控措施且扰民"的情况。同时,《噪声污染防治法》第 86 条第 1 款也规定,"受到噪声侵害的单位和个人,有权要求侵权人依法承担民事责任",权利主体的表述不再是旧法中的"受到环境噪声污染危害的单位和个人",也就是说,噪声是否超标、是否构成了"噪声污染"不再是承担民事责任的前提条件,对于受到噪声干扰的人们来说,其被保护的合法权益范围更宽了。

**问** 排放噪声污染具体侵害的是什么权益,具体需要承担什么法律责任?

**答**《噪声污染防治法》旨在保护的权益是生活在安宁之中的权益,这种权益与公众的身心健康息息相关。因此,排放噪声还可能进一步侵害《民法典》第四编中明确规定的公民的健康权。

至于排放噪声所要承担的责任,从责任主体上,可以分为单位和个人;从责任承担上,又可以分为行政处罚或者承担民事责任:在行政领域,如果是单位违法,将会由相应的负有噪声污染防治责任的部门,对单位给予警告、罚款、责令停产停业等行政处罚;如果是个人违法,将有可能受到警告、罚款等行政处罚。以广场舞噪声扰民为例,《噪声污染防治法》第64条第2款规定,在公共场所组织或者开展活动,应当遵守公共场所管理者有关活动区域、时段、音量等规定,采取有效措施,防止噪声污染。若违反上述规定的,首先是说服教育,责令改正;拒不改正的,给予警告,对个人可以处200元以上1000元以下的罚款,对单位可以处2000元以上20,000元以下的罚款。而在民事领域,噪声侵权所要承担的责任,与一般的民事责任承担方式具有一致性。根据《民法典》第179条的规定,民事责任承担为停止侵害、排除妨碍、赔偿损失、赔礼道歉等。在2021年人民法院的公报案例中,中建三局第二建设工程有限公司即因向周围环境排放建筑施工噪声,且不符合国家建筑施工场界噪声排放标准和地方环境噪声技术规范,故被深圳市中级人民法院判令停止侵害,并向该案的原告深圳福田区某小区的132名住户承担赔偿精神损失等民事责任。

**问 个人在哪些情形下会涉嫌违反《噪声污染防治法》?**

**答** 《噪声污染防治法》对日常生活中多发的噪声情境进行了回应。除了此前提及的广场舞扰民,还有未按规定在限定时间内进行室内装修、以"损坏消声器、加装排气管等"方式擅自改装的机动车并以轰鸣、疾驰等方式造成噪声污染的、在噪声敏感建筑物集中区域使用高音广播喇叭等。

**问 遭遇了噪声或噪声污染后,应如何依法维护自身的合法权益?**

**答** 受到噪声干扰的单位和个人,都有权通过电话、网络等行使举报环境违法行为。比如,附近商户、居民违反规定时段进行室内装修的,可以拨打"12345"向城市管理行政执法部门投诉举报;遇到擅自改装机动车"炸街"的,可拨打"110"向公安机关报案;其他情况,除拨打上面两个电话外,还可拨打"12369"向生态环境局投诉,或者在厦门市的领导留言板网页上留言等。

除投诉举报外,对于侵害自身权益的,也可依法提起诉讼。最高人民法院发布的《民事案件案由规定》中专有一项"噪声污染责任纠纷",

归于侵权责任纠纷中的环境污染责任纠纷项下。而如前所述,《噪声污染防治法》规定,有权要求侵权人依法承担民事责任的主体是"受到噪声侵害的单位和个人",是否受到了噪声污染侵害不再是要求承担民事责任的法定前提。在《民事案件案由规定》尚未调整之前,若受到的噪声侵害尚不构成"噪声污染"、无法按照"噪声污染责任纠纷"提起诉讼的,相关主体亦可尝试按二级案由"环境侵权责任纠纷",或者一级案由"侵权责任纠纷"提起诉讼。

## 典型案例分析

**以案说法为纠纷处理提供具体的参考**

案件名称:天津某城市建设投资有限公司与孟某噪声污染责任纠纷

案号:(2019)津02民终5521号

审理法院:天津市第二中级人民法院

案例来源:经典案例

**基本案情** 天津某城市建设投资有限公司(以下简称某公司)开发建设位于天津市津南区的星宇花园并出售。案涉房屋原房主为徐某,2015年因采暖期噪声严重影响睡眠及正常生活,徐某在外租房居住并向某公司索赔,某公司一次性赔偿徐某租房费用。2015年10月,原告孟某购买案涉房屋,因噪声问题投诉信访,故天津市津南区环境监察支队于2018年2月2日对星宇花园×号楼×门 ×××室的噪声进行检测,室内噪声等效声级值(Leq)为主卧37.8,小卧37.0,次卧33.6,客厅39.1,备注注明为夜间。

另查明,2011年8月24日,某公司与供热办公室签订合同,约定星宇花园的供热配套工作由供热办公室负责。2012年9月15日,某公司与供热办公室签订补充协议书,由供热办公室对星宇花园×号楼×门地下换热站进行降噪处理,某公司支付工程款53,055元,并约定供热办公室对协议项下工程进行保修,以保证换热站正常使用。2013年9月11日,供热办公室将案涉供热设备移交给海某公司,由海某公司进行供热服务。

**法院观点** 第一,判断还未有明确国家标准进行评价的噪声是否超标,从切实保护公民健康权、维护公民合法利益出发,应当参照适用如《社会生活环境噪声排放标准》(GB 22337—2008)等相应已有的噪声排放标准。第二,诉讼一方对环境监察部门作出的具有专业性的意见有异议,却又不能提供反驳证据予以推翻该证据的证明效力的,应当承担举证不能的不利后果。第三,因噪声污染影响正常居住,导致权利人期间产生租赁费用的,租赁费用可以认定为实际损失,认定损失合理期限以实际影响居住期间为限。

**裁判结果** （1）被告天津某城市建设投资有限公司于2019年11月1日前对天津市津南区星宇花园×号楼×门地下一层的供热设备及管道进行降噪改造,达到夜间噪声不超过30分贝、昼间噪声不超过40分贝的标准;(2)被告天津某城市建设投资有限公司于本判决生效后10日内赔偿原告孟某租房费用的损失27,500元;(3)驳回原告孟某其他诉讼请求。

**律师分析** 本案中,原告起诉时的诉讼请求是赔偿租房费用并"消除噪声侵害",但在如何消除噪声侵害上,诉求较为笼统。而人民法院最终作出的判决,除判令被告天津某城市建设投资有限公司承担供暖期间的租房费用外,也要求被告在限定期限内,对这套二手房所在商品房的供热设备和管道进行降噪改造,直至达到夜间噪声不超过30分贝,昼间噪声不超过40分贝的标准。该判项能够进一步在实质上维护公众的安宁权益。

同时,根据当时的法律规定,承担侵权责任的前提是构成噪声污染,即需要"超标+干扰"。但是国家规定的排放标准并没有针对管道、泵房进行评价,故难以判断是否属于噪声污染,进而影响法律责任的承担。该案中,人民法院最终是以该房屋用于居民生活,理应比娱乐场所、商业活动中的噪声控制标准更高。按照举轻以明重的原则,参照适用了规制娱乐、商业场所的《社会生活环境噪声排放标准》,从而认定管道、泵房产生的噪声已经超标。

从这个案件延伸开来,在现实中也存在开发商确实无法整改或者反复整改仍然达不到效果的情况。2018年人民法院发布的一个典型案例就回应了这个问题,这两个案件的案情较为相似,都是开发商设置的水泵排放噪声,但在第二个案件中,原告2007年买房、一直到2015年起诉经过与开发商的反复沟通,开发商也采取了更换水泵等降噪措施,但仍没有办法消除噪声干扰,还因此导致了原告左耳听力的下降。最终,人民法院认为开发商作为水泵安装地点的选定者,负有降噪义务,却经整改仍无法解决,故根据原告的诉讼请求,判决开发商按照市场价格回购了案涉房屋,并承担原告的搬迁费、医疗费等费用。

根据《噪声污染防治法》第67条、第83条的规定,新建居民住房的房地产开发经营者应当在销售场所公示住房可能受到噪声影响的情况以及采取或者拟采取的防治措施,并纳入买卖合同。新建居民住房的房地产开发经营者应当在买卖合同中明确住房的共用设施设备位置和建筑隔声情况。若开发商违反上述规定的,应由相关部门处以罚款,拒不整改的,还会责令暂停销售。

# Part Four
## 第四编 劳动、劳务

# 4

## 016

# 解读公司调岗的相关法律问题

🎤 FM99.6 厦门综合广播《新闻招手停》第 51 期

主持人：*海蕾*

主讲人：*黄婧雯律师、陈晓莹律师*

### 热点问题发现

1. 如何判断用人单位作出的岗位调整是否合法？
2. 何为"劳动者不能胜任工作"？
3. 遭遇不合法调岗，劳动者如何维权？

守护生活的民法典（二）

**常见问题解答**

**问** 如何判断用人单位作出的岗位调整是否合法？

**答** 判断用人单位的岗位调整是否合法，首先要看是否符合《劳动合同法》所规定的合法调岗情形。根据《劳动合同法》的规定，用人单位可以调岗的情形主要有以下五种：(1)用人单位和劳动者协商一致；(2)劳动者因患病或受工伤，医疗期满后不能或者不适合继续从事原工作的，用人单位可以另行安排工作；(3)劳动者不能胜任工作的，用人单位可以对其进行岗位调整；(4)女员工在孕期不能适应原岗位劳动的，根据医疗机构的证明，可以调整至其他能够适应岗位劳动；(5)劳动者在职业健康检查中发现有与所从事的职业相关的健康损害，应当调离工作岗位，并妥善安置。

**问** 司法实践中，何为"劳动者不能胜任工作"？

**答** 用人单位可以进行合法调岗的事由之一为"劳动者不能胜任工作"，但考虑到为保护劳动者的权益，避免用人单位滥用该规定任意对劳动者进行调岗，目前司法实践要求用人单位对"劳动者不能胜任工作"承担举证责任。若用人单位是以"劳动者不能胜任工作"为由要求调岗的，必须提供能够证明劳动者不符合该岗位条件或无法达到岗位要求的相关证据。用人单位不能提供的，劳动者有权拒绝调岗安排。

**问** 若用人单位的调岗事由不属于《劳动合同法》中规定的五种情形,是否就属于违法调岗,劳动者都可以拒绝?

**答** 并非如此,实践中还存在用人单位可以合理调岗的情形。考虑到公司作为市场经济主体,如果将其调岗权严格限制在《劳动合同法》规定的五种情形内,并不利于公司的长久经营和发展。《宪法》《就业促进法》中也明确规定,"用人单位依法享有自主用人、自主经营的权利";目前的司法实践也普遍认可在保护劳动者合法权益的前提下,也应给予用人单位一定程度上的用人自由,因此用人单位在满足特定条件的情况下,可以对劳动者进行合理调岗。目前司法实践中认定用人单位属于合理调岗一般考虑以下因素:(1)调岗是基于用人单位生产经营需要;(2)调岗前后劳动者的工资水平保持不变;(3)调岗不具备侮辱性和惩罚性,不存在通过岗位调整达到变相辞退劳动者的目的;(4)新旧岗位间并无显著差异,劳动者可以胜任或经过简单培训后可以胜任新岗位;(5)新岗位的工作性质、工作时长、工作地点、劳动强度、职业病危害因素等不存在实质性的变化,对劳动者的正常生活不会产生较大影响。

**问** 劳动合同约定"公司可以根据生产经营的需要,对劳动者工作岗位、工作内容及工作地点进行调整",该约定是否有效?

**答** 该约定普遍存在于许多用人单位提供的劳动合同文本中,但该约定并不必然有效。司法实践中认定用人单位的调岗是否合理,主要还是以是否满足合理性调岗的五个条件为依据。若用人单位调岗不符合法律规定,也不符合合理性条件,即便是在劳动合同中约定了"公司可以根据生产经营的需要,对劳动者工作岗位、工作内容及工作地点进行调整",该约定也无法对劳动者产生效力,用人单位不能以此单方对劳动者进行调岗。

**问** 如果劳动者遭遇了用人单位不合法、不合理的调岗,如何维护自己的权益,可以提出怎样的诉求?

**答** 劳动者当然可以拒绝用人单位的调岗安排;在原岗位还存在的情况下,劳动者可以要求继续在原岗位工作;若原岗位已经不存在了,劳动者可以与用人单位进行协商解除劳动关系,或者是以劳动合同发生重大变更,双方无法就变更协商一致,提出解除劳动关系,这种情况下,用人单位需要向劳动者支付经济补偿金。若劳动者拒绝了用人单位不合法、不合理的调岗安排后,用人单位以劳动者不服从工作安排为由,或是劳动者拒绝前往新岗位工作,用人单位以旷工为由辞退劳动者的,用人单位的行为就有可能涉及违法解除劳动合同,劳动者可以依法提起劳动仲裁,要求用人单位继续履行劳动合同,或要求用人单位支付违法解除的赔偿金。

> **典型案例分析**
>
> 以案说法为纠纷处理提供具体的参考
>
> 案件名称:孙某与某模具公司劳动争议纠纷
>
> 案例来源:人力资源和社会保障部、最高人民法院第一批劳动人事争议典型案例14

**基本案情** 孙某于2017年8月入职某模具公司,双方签订劳动合同约定孙某的工作地点为某直辖市,岗位为"后勤辅助岗",具体工作内容为"财务、预算管理和其他行政性工作"。入职后,孙某被安排在某模具公司位于某城区的开发中心从事财务人事等辅助性工作。2019年7月1日,基于公司生产经营和管理需要,为减轻各中心的工作负担,某模具公司将各中心的财务工作统一转回公司总部的财务处统一管理。为此,孙某办理了开发中心全部财务凭证的交接,某模具公司与孙某沟通协商,提出安排其到开发中心其他岗位工作,但均被孙某拒绝。后某模具公司安排孙某到位于相邻城区的公司总部从事人事相关工作。7月底,孙某要求某模具公司将其调回原工作地点原岗位工作,双方由此发生争议。孙某向劳动人事争议仲裁委员会申请仲裁。

**仲裁观点** 孙某与某模具公司在劳动合同中约定了孙某的工作岗位为"后

勤辅助岗",该岗位不属于固定或专业岗位;某模具公司根据生产经营需要,适当调整孙某的工作岗位、工作内容及工作地点是基于财务统一管理需要,对孙某并无针对性;同时,该工作地点和工作内容的调整某模具公司亦与孙某进行了沟通协商,给出了包括在原工作地点适当调整岗位等多种选择方案,体现了对孙某劳动权益的尊重;且调整后的人事岗位与孙某的原岗位性质相近,孙某也能完全胜任;最后,孙某调整后的工作地点也处于交通便利的城区,上下班时间虽有所增加,但该地点变更不足以认定对其产生较大不利影响,对其劳动权益也构不成侵害。

**裁判结果** 驳回孙某的仲裁请求。

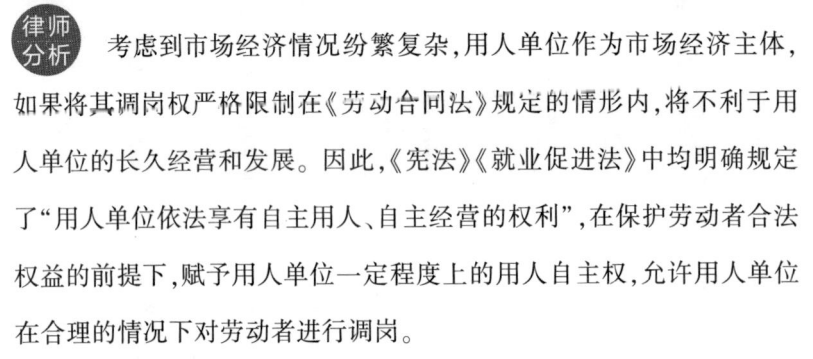

**律师分析** 考虑到市场经济情况纷繁复杂,用人单位作为市场经济主体,如果将其调岗权严格限制在《劳动合同法》规定的情形内,将不利于用人单位的长久经营和发展。因此,《宪法》《就业促进法》中均明确规定了"用人单位依法享有自主用人、自主经营的权利",在保护劳动者合法权益的前提下,赋予用人单位一定程度上的用人自主权,允许用人单位在合理的情况下对劳动者进行调岗。

判断用人单位是否属于合理调岗,一般考虑以下因素:(1)调岗是基于公司生产经营需要;(2)调岗对工资水平保持不变;(3)调岗不具备侮辱性和惩罚性,不存在通过岗位调整达到变相辞退员工的目的;(4)新旧岗位间并无显著差异,员工可以胜任或经过简单培训后可以胜任新岗位;(5)新岗位的工作性质、工作时长、工作地点、劳动强度、职业病危害因素等不存在实质性的变化,对正常生活不会产生较大影响。

结合本案,第一,某模具公司对孙某的调岗是基于生产经营和管理需要。第二,某模具公司安排孙某到新岗位,向孙某承诺了工资水平保持不变。第三,某模具公司作出的调岗安排是针对全公司的财务工作人员,并非针对孙某个人,且调整前后都是财务人事相关岗位,某模具公司的调岗安排并不具备侮辱性和惩罚性。关于何为侮辱性和惩罚性调岗,若某模具公司将孙某从财务人事岗位,调整为保洁工作,并安排孙某每日打扫卫生间,这种情况从常理上考虑,可能是一种侮辱性、惩罚性的调岗。第四,孙某原岗位为财务人事等辅助工作,调整后的工作岗位仍属于人事相关工作,工作性质相似,孙某明显能够胜任新岗位。第五,虽然某模具公司安排的新岗位工作地点发生了变化,但仍属于交通便利的城区,也符合劳动合同约定的工作地点某直辖市范围内,该地点变更不会给孙某生活造成重大影响。

综上所述,某模具公司对孙某进行的调岗,完全符合前述认定合理调岗的五个条件,因此应认定某模具公司对孙某进行的调岗是合理的,孙某应当服从用人单位的调岗安排。

## 017

# 对性骚扰说"不",《民法典》为你撑腰

🎙 FM99.6 厦门综合广播《新闻招手停》第 42 期

主持人:海蕾

主讲人:林以燕律师、蔡博斐律师

**热点问题发现**

1. 什么是性骚扰?
2. 性骚扰受害对象仅限于女性吗?
3. 遭受性骚扰,有哪些救济途径?
4. 单位或学校在防治性骚扰方面需要承担什么义务?

**常见问题解答**

**问** 《民法典》对性骚扰行为及责任作出了哪些规定？

**答** 《民法典》第1010条明确规定,违背他人意愿,以言语、文字、图像、肢体行为等方式对他人实施性骚扰的,受害人有权依法请求行为人承担民事责任。机关、企业、学校等单位应当采取合理的预防、受理投诉、调查处置等措施,防止和制止利用职权、从属关系等实施性骚扰。该条规定了性骚扰的特征和表现形式,即性骚扰应当具备"违背他人意愿"、不受他人欢迎或为他人所抗拒的特征;性骚扰不局限于肢体行为,以言语、文字、图像等其他多种行为方式作出的均可能构成性骚扰。

**问** 性骚扰行为所针对的受害人,是否仅指女性？

**答** 在《民法典》实施前,我国关于性骚扰的立法一般体现在关于女性的特别法律法规之中,如《妇女权益保障法》《女职工劳动保护特别规定》,受害者仅限于妇女或女职工。在社会生活中,男性和女性都有可能成为性骚扰行为的加害人或受害人。因此,《民法典》第1010条规定违反"他人"(而非"妇女")的意愿、未将受害者性别属性加以局限,这是我国尊重性别平等理念的体现。因此,此处的"他人"是不分年龄大小、同性、异性的所有人群。

**问** 《民法典》对防治性骚扰的义务主体作出了哪些规定？

**答** 《民法典》在定义性骚扰的基础上，明确规定机关、企业、学校等单位应采取合理的预防、受理投诉、调查处置等措施的义务，这些措施涵盖了事前的预防、事中的受理投诉和事后的调查处置各个层面。例如，提供安全的工作环境，告知性骚扰的惩罚机制及救济程序机制，为调查提供必要的信息，为受害人提供相应的协助等。

**问** 如何理解职场性骚扰行为中单位的防治义务？

**答** 实际上，《民法典》针对职场中性骚扰行为所规定的单位义务，除包括采取合理措施防止和制止利用职权、从属关系等实施性骚扰外，单位还负有采取合理措施防止和制止其他性骚扰的义务。例如，单位的客户到单位对单位的工作人员实施性骚扰，单位也负有采取合理措施的义务。当单位未尽到采取合理措施义务，受害人有权依据相关法律规定请求单位承担民事责任。

**问** 针对校园性骚扰的防治工作，学校应承担哪些法定义务？

**答** 针对校园性骚扰行为，《民法典》明确规定了学校的防治义务，《未成年人保护法》《未成年人学校保护规定》等进一步细化了学校应该做好建章立制并落实相应的制度责任。在事前预防方面，学校应该建立健全预防性侵害、性骚扰未成年人工作制度，包括开展性教育课程、建立专门的学生心理健康教育管理制度等；同时学校也要注意加强对教职工的管理、监督,制定教职工与学生交往行为准则,制定学生宿舍安全管理规定、视频监控管理规定等。其中,关于教职工行为准则,《未成年人学校保护规定》第24条第2款明确规定,学校应当采取必要措施预防并制止教职工以及其他进入校园的人员实施以下行为:与学生发生恋爱关系、性关系;抚摸、故意触碰学生身体特定部位等猥亵行为;对学生作出调戏、挑逗或者具有性暗示的言行;向学生展示传播包含色情、淫秽内容的信息、书刊、影片、音像、图片或者其他淫秽物品;持有包含淫秽、色情内容的视听、图文资料以及其他构成性骚扰、性侵害的违法犯罪行为。

**问** 一旦出现校园性骚扰行为,学校作为防治校园性骚扰的义务主体,应如何妥善应对?

**答** 学校在日常的管理工作中应落实相应的制度责任。一旦发生校园性骚扰事件,应畅通受理投诉的渠道,积极进行相应的调查处置,并对遭受性侵害、性骚扰的未成年人采取保护措施。对性侵害、性骚扰未成年人等违法犯罪行为,学校不得隐瞒,应及时向公安机关报案并同步向教育行政主管部门报告。

## 典型案例分析

**以案说法为纠纷处理提供具体的参考**

案件名称：郑某诉霍尼韦尔自动化控制（中国）有限公司劳动合同纠纷

案号：（2021）沪01民终2032号

审理法院：上海市第一中级人民法院

案例来源：最高人民法院公报

**基本案情** 郑某于2012年7月入职霍尼韦尔自动化控制（中国）有限公司（以下简称霍尼韦尔公司），担任渠道销售经理。霍尼韦尔公司建立有工作场所性骚扰防范培训机制，郑某也接受过相关培训。

2018年，郑某因认为下属女职工任某与郑某上级邓某（已婚）之间的关系有点儿僵，为"疏解"二人关系而找任某谈话。任某提及其在刚入职时曾向郑某出示过间接上级邓某发送的性骚扰微信记录截屏，郑某当时对此答复"我就是不想掺和这个事""我往后不想再回答你后面的事情""我是觉得有点怪，我也不敢问"。谈话中，任某强调邓某是在对其进行性骚扰，并在其拒绝后继续不停骚扰。郑某则表示"你如果这样干工作的话，让我很难过""你越端着，他越觉得我要把你怎么样""他这么直接，要是我的话，先靠近你，摸摸看，然后聊聊天"。

2019年1月31日,霍尼韦尔公司出具《单方面解除函》,以郑某未尽经理职责,在下属反映遭受间接上级骚扰后没有采取任何措施帮助下属不再继续遭受骚扰,反而对下属进行打击报复,在调查过程中就上述事实做虚假陈述为由,与郑某解除劳动合同。

2019年7月22日,郑某向上海市劳动争议仲裁委员会申请仲裁,要求霍尼韦尔公司支付违法解除劳动合同赔偿金368,130元。该请求未得到仲裁裁决支持。郑某不服,以相同请求诉至上海市浦东新区人民法院。

**法院观点** 法院生效裁判认为,本案争议焦点:(1)霍尼韦尔公司据以解除郑某劳动合同的《员工手册》和《商业行为准则》对郑某有无约束力;(2)郑某是否存在足以解除劳动合同的严重违纪行为。

关于争议焦点一,郑某与霍尼韦尔公司签订的劳动合同明确约定《员工手册》《商业行为准则》属于劳动合同的组成部分,郑某已阅读并理解和接受上述制度。在此情况下,霍尼韦尔公司的《员工手册》《商业行为准则》应对郑某具有约束力。

关于争议焦点二,郑某是否存在足以解除劳动合同的严重违纪行为。一则,在案证据显示霍尼韦尔公司建立有工作场所性骚扰防范培训机制,郑某亦接受过相关培训。霍尼韦尔公司规章制度要求管理人员在下属提出担忧或问题时能够专业并及时帮助解决,不能进行打击报复。

现郑某虽称相关女职工未提供受到骚扰的切实证据,其无法判断骚扰行为的真伪、对错,但从郑某在 2018 年 8 月 30 日谈话录音中对相关女职工初入职时向其出示的微信截屏所做"我是觉得有点怪,我也不敢问""我就是不想掺和这个事"的评述看,郑某本人亦不认为相关微信内容系同事间的正常交流,且郑某在相关女职工反复强调间接上级一直对她进行骚扰时,未见郑某积极应对帮助解决,反而欲积极促成自己的下属与上级发展不正当关系。郑某的行为显然有悖于其作为霍尼韦尔公司部门主管应尽之职责,其相关答复内容亦有违公序良俗。二则,霍尼韦尔公司明确规定在公司内部调查中做虚假陈述的行为属于会导致立即辞退的严重违纪行为。霍尼韦尔公司提供的 2019 年 1 月 15 日调查笔录证明郑某在调查过程中存在虚假陈述。

综上所述,郑某提出的各项上诉理由难以成为其上诉主张成立的依据。霍尼韦尔公司主张郑某存在严重违纪行为,依据充分,不构成违法解除劳动合同。

**裁判结果** 上海市浦东新区人民法院于 2020 年 11 月 30 日作出(2020)沪 0115 民初 10454 号民事判决:驳回郑某的诉讼请求。郑某不服一审判决,提起上诉。上海市第一中级人民法院于 2021 年 4 月 22 日作出(2021)沪 01 民终 2032 号民事判决:驳回上诉,维持原判。

**律师分析** 本案明确了用人单位的管理人员对被性骚扰员工的投诉没有

采取合理措施,或者存在纵容性骚扰行为、干扰对性骚扰行为调查等情形,用人单位以管理人员未尽岗位职责、严重违反规章制度为由解除劳动合同,管理人员主张解除劳动合同违法的,人民法院不予支持。

《民法典》第1010条第2款对单位的反性骚扰义务作出了规定。单位的反性骚扰义务贯穿性骚扰的事前预防、事中制止与事后处置三个阶段,以防止和制止利用职权关系、从属关系实施性骚扰。本案中,在事前预防阶段,霍尼韦尔公司有较为完善的规章制度,建立了工作场所性骚扰防范培训机制,明确了对性骚扰行为人的制裁措施。在事中处理阶段,霍尼韦尔公司规定了公司经理有及时处理下属问题和担忧的义务,并在任某告知人事部门有性骚扰行为存在后及时开展了调查。在事后处置阶段,霍尼韦尔公司根据规章制度,以郑某未尽经理职责,在下属反映遭受间接上级骚扰后没有采取任何措施帮助下属不再继续遭受骚扰,反而对下属进行打击报复,在调查过程中就上述事实做虚假陈述为由,与郑某解除劳动合同。

综上所述,霍尼韦尔公司较好地履行了单位的反性骚扰义务,在本公司内部建立了较为完善的反性骚扰制度,其通过事前的制度建立与培训,事中及时介入处理,事后依照规章处置的较为完善的流程与程序,对于《民法典》施行后用人单位合理构建性骚扰防范处置机制,切实提升全员防范意识,有效防范职场性骚扰行为,具有一定的示范指导意义。

## 018

# 解读提供劳务者受害责任纠纷的相关法律问题

🎙 **FM99.6 厦门综合广播《新闻招手停》第 50 期**

主持人：海蕾

主讲人：沈玉洪律师、涂慧俐律师

### 热点问题发现

1. 什么是提供劳务者受害责任？
2. 提供劳务者受害纠纷中权利主体与责任主体的类型有哪些？除劳务者本人外，受害者家属有没有权利提起诉讼？
3. 不存在劳动关系的劳动者因工作受伤的，如何处理？在救济中能按工伤标准赔偿吗？
4. 家政人员提供劳务时受伤，雇主有无赔偿义务？
5. 在全包的装修合同中，装修公司安排的工人坠楼身亡的，业主是否应担责？

**常见问题解答**

**问** 什么是提供劳务者受害责任?

**答** 根据《民法典》的规定,提供劳务者受害责任是指在个人之间或个人与非个人之间存在劳务关系的前提下,提供劳务的一方因劳务活动自身受到伤害的,向接受劳务一方主张损害赔偿,由双方根据各自的过错程度来承担相应的民事责任。提供劳务者受害责任主要是对提供劳务者因工受伤或死亡应承担的民事赔偿责任。

提供劳务者受害纠纷案件,多数发生在一些装修装饰公司、农村自建房、小工厂、小作坊等业务中。该类案件具有以下特点:第一,接受劳务一方安全保障意识普遍不强、安全措施与监督指导不到位;第二,提供劳务者大部分来自农村,劳动技能和水平有限、受教育程度不高,自我安全防范风险意识较差,部分劳务者年限偏大超过退休年龄。

**问** 提供劳务者受害纠纷中权利主体与责任主体的类型有哪些?除劳务者本人外,受害者家属有没有权利提起诉讼?

**答** 提供劳务者受害主要分为两类:第一,个人与个人之间提供劳务者受害;第二,个人与非个人提供劳务者受害。对因提供劳务者受伤的,除本人有权提起诉讼外,对因提供劳务者死亡的,死亡的劳务者的近亲属如父母、配偶、子女、兄弟姐妹有权提起诉讼。

问 对提供劳务者受害是实行过错责任还是无过错责任？与工伤相比，过错的认定有何不同？

答 《民法典》是一部写满民事权利的宣言书，在保障民生方面发挥着重要作用。提供劳务者受害责任归责原则为过错责任原则。根据《民法典》第1192条的规定，提供劳务一方因劳务受到损害的，根据双方各自的过错承担相应的责任。提供劳务期间，因第三人的行为造成提供劳务一方损害的，提供劳务一方有权请求第三人承担侵权责任，也有权请求接受劳务一方给予补偿。接受劳务一方补偿后，可以向第三人追偿。

工伤实行的是无过错原则，也就是说，工伤一旦认定，用人单位要承担全部的赔偿责任。而提供劳务者受害则按照接受劳务者与提供劳务者双方的过错程度来确定赔偿责任。

问 实践中不存在劳动关系的劳动者因工作受伤的，如何处理？在救济中能按工伤标准赔偿吗？

答 劳动者在履行劳动合同期间受伤的，需先进行工伤认定及劳动能力鉴定，赔偿问题双方协商不成，可申请劳动仲裁；提供劳务者受害的，可先申请人身损害鉴定，确定有无构成伤残等级，双方再协商赔偿问题。双方协商不成的，提供劳务者则可以直接向法院提起诉讼。事先未鉴定的可在诉讼过程中申请人身损害等级和三期鉴定。

对工伤与提供劳务者受害赔偿的标准是有所区别的，工伤只能按照《工伤保险条例》的标准进行赔偿；提供劳务者受害不能按工伤标准赔偿,需按照《民法典》及《最高人民法院关于审理人身损害赔偿案件适用法律若干问题的解释》规定进行赔偿。

**问** 如果提供劳务者在提供劳务过程中仅是去用餐、上厕所而受害的,能否也认定为提供劳务的延伸,有权向接受劳务一方主张赔偿吗?

**答** 在《民法典》施行前,司法实践中,普遍认为上厕所、就餐,如果是在没有结束劳务的过程中发生的,是必然的生理需求,与其从事劳务活动存在内在联系,是劳务活动的自然延伸,是履行职务的延伸行为,有权向接受劳务一方主张赔偿。

《民法典》施行后,法院在认定赔偿责任承担时,除考察就餐上厕所的行为与提供劳务行为的紧密度或联系的程度强弱外,同时还要考察双方过错情况。

**问** 保姆、育婴师、保洁员等家政人员在提供劳务时受伤,雇主是否应当承担赔偿责任?

**答** 应具体情况具体分析,应审查家政人员受伤是否与提供劳务相关、接受劳务一方是否有过错来评判。提供劳务者只要在从事提供劳务行为发生的受害责任范围内,都应按《民法典》第1192条的规定根据双方过错程度来承担责任。

**问** 全包装修合同中,装修公司安排的工人在提供劳务过程中死亡的,业主是否应担责?

**答** 作为已签订包工包料的装修合同,业主对装修公司的资质已尽到合理的选任审核义务,对非因业主的指挥或超出合同范围提供劳务的,业主对此不负有任何赔偿责任,无须担责。

## 典型案例分析

以案说法为纠纷处理提供具体的参考

案件名称:郭某甲与邝某乙、张某提供

劳务者受害责任纠纷

案号:(2021)湘03民终768号

审理法院:湖南省湘潭市中级人民法院

案例来源:中国裁判文书网

**基本案情** 被告张某通过被告邝某乙召集原告、张某泉等人对被告张某家房屋内墙进行粉刷,其间,被告张某按每人每天200元的标准支付劳务工资,并支付施工人员带来的施工工具租金1500元,施工人员的劳务工资统一由被告邝某乙向被告张某收取再分发给每个施工人员。2020年4月14日,原告、被告邝某乙等施工人员在被告张某家中用餐时饮酒,后继续施工。同日15时许,原告在施工过程中,从搭在墙上的梯子上下来时不慎摔落跌至地面受伤。同日晚上,原告被送往株洲市中医伤科医院治疗。原告于2020年5月11日出院。出院诊断:右侧多根多段肋骨骨折(1~12肋)、双肺挫伤等。司法鉴定意见书的鉴定意见:(1)原告右侧1~12肋骨骨折,已构成九级伤残;(2)伤后误工150日,护理90日,营养90日。原告以各项损失合计为129,203.09元提起诉讼。

**法院判决** 一审法院认定由张某承担80%的赔偿责任,郭某甲自负20%的责任。二审法院改判酌情认定由张某承担50%的赔偿责任,郭某甲自负50%的责任。郭某甲的损失共计129,203.09元,张某应赔偿64,601.55元。驳回郭某甲的其他诉讼请求。

**法院认为** 邝某乙与张某之间不存在承揽或者承包关系。郭某甲与张某之间构成雇佣关系,邝某乙与张某之间构成雇佣关系,郭某甲与邝某乙之间不构成雇佣关系,而系工友关系。张某为接受劳务一方,在郭某甲施工时没有为郭某甲配备安全帽、安全绳等防坠用品或提供其他足够安全的生产条件,亦未在场或派人监督施工,存在过错。郭某甲忽视自身安全,在施工前饮酒,也没有采取必要的安全防范措施,对于事故的发生亦有过错,应承担同等责任。

**律师分析** 提供劳务具有临时用工性质,日常生活中劳动者在提供劳务的过程中往往没有签订书面的合同的法律意识，尤其在农村自建房、家庭装饰装修等行业中，有承揽关系，也有劳务关系，导致劳务关系中权责不清。在农村自建低层住宅建筑活动中，虽未签订承包合同，但如果有证据证明建设方将房屋建设工程承包给施工召集人的，应认定建设方与施工召集人之间存在承揽关系，施工召集人与具体施工人员（被召集人）之间存在劳务关系；否则，应认定建设方与施工人员（召集人与被召集人）之间皆为劳务关系，施工召集人与具体施工人员（被召集人）为工友关系。

　　劳务者在提供劳务时要注意提高自身的安全和法律意识，必须严格遵守操作规程，做好安全保障措施，尤其在野外和高空作业时一定要佩戴安全帽，系好安全带、止坠器等安全防护工具。另外，尽量与接受劳务一方签订书面合同，在领取劳务报酬时通过转账方式接收，不要收取现金，同时保留微信聊天记录等书面证据，在受伤后，注意收集每次就诊记录及相关证据，避免产生纠纷后，因证据不足无法索赔的问题发生。

# Part Five

第五编 公司

# 5

## 019

# 有限公司股东需要对公司债务承担责任的九种常见情形

🎙 FM99.6 厦门综合广播《新闻招手停》第 62 期

主持人：*海蕾*

主讲人：*黄芳律师、杜晓康律师*

### 热点问题发现

1. 当公司属于一人股东时，在什么情况下股东要对公司债务承担责任？
2. 当股东出资期限尚未届满时，股东依然要对公司债务承担补充赔偿责任的两种情形是什么？
3. 公司解散后，股东可能承担责任的三种情形是什么？
4. 公司人格被否认后，股东需要承担责任的三种情形是什么？

## 常见问题解答 🔊

**问** 当公司属于一人股东时,在什么情况下股东要对公司债务承担责任?

**答** 《公司法》第 63 条规定:"一人有限责任公司的股东不能证明公司财产独立于股东自己的财产的,应当对公司债务承担连带责任。"通俗地说,如果债权人以只有一个股东的公司为被告时,可以直接列股东为共同被告,要求其对公司债务承担连带责任,这时股东就要举证证明自己的财产和公司的财产独立,如果不能证明,法院就会判令股东对公司债务承担连带责任。

**问** 如何理解"一人股东"?

**答** 所谓一人股东,就是公司的股东只有一个,包括一个自然人或一个公司股东 100% 持股。另外,还有一种特殊情形,即公司虽然有两名股东,但两名股东是夫妻,也可能被认定为一人股东。对于股东是夫妻的情形,有案例认为虽然公司是两个股东,但公司设立于双方婚姻存续期间,双方也未能证明对其婚前财产或婚后所得财产归属进行了约定,工商登记备案资料中也没有财产分割的协议或证明,故公司的注册资本来源于夫妻共同财产。股东以共同财产出资将股权分别登记在各自名下,不构成对夫妻共同财产分割的约定,公司的全部股权实质来源于同一财产权,并为一个所有权共同享有和支配,股权具有利益的一致性和实质的单一性,据此认定公司系实质意义上的"一人公司"。

**问 法律规定一人公司"股东不能证明自己的财产和公司的财产独立就要承担连带责任"的原因是什么?**

**答** 因为一人公司只有一个股东,唯一股东的意思便是公司的意思,容易造成一人有限责任公司业务与唯一股东的业务多方面的混同,诸如经营业务的完全一致、公司资本与唯一股东生活费用的混杂使用、公司营业场所与唯一股东居所的合一等。由此使外人难以分清与之交易的对象是公司还是股东个人,也无法保证公司财产的完整性,最终导致公司债权人承担较大的经营风险。所以为了保障公司债权人的利益,防止公司股东以此逃避债务,法律规定一人有限责任公司的股东不能证明公司财产独立于股东自己的财产的,应当对公司债务承担连带责任。

**问 股东出资期限尚未届满时,股东依然要对公司债务承担补充赔偿责任的情形是什么?**

**答** 第一种情形:公司作为被执行人的案件,法院穷尽执行措施无财产可供执行,已具备破产原因,但公司不申请破产的。此时债权人可以公司不能清偿到期债务为由,请求未届出资期限的股东在未出资范围内对公司不能清偿的债务承担补充赔偿责任。第二种情形:

在公司债务产生后,公司股东会决议或以其他方式延长股东出资期限的。

**问 公司解散后,股东可能承担责任的三种情形是什么?**

**答** 第一种情形:公司如果符合解散情形,比如,出现被吊销营业执照、强制注销,但又长期未成立清算组清算,这种情况下,股东可能被判令承担责任。

第二种情形:属于常见且容易触犯的情形。根据《公司法》的规定,有限责任公司的清算组由股东组成,但实务中,很多公司虽然成立了清算组进行清算,但是清算组未按照规定将公司解散清算事宜书面通知全体已知债权人或未履行公告义务,导致债权人未及时申报债权而未获清偿。这时,债权人主张清算组成员对因此造成的损失承担赔偿责任的,人民法院应依法予以支持。

第三种情形:公司办理注销登记,特别是简易注销程序,股东或第三人向市场监督局书面承诺对公司的债务承担清偿责任,这种情况下,如果公司有未清偿的债务,法院是可以直接列该股东为被告的。

**问 公司人格被否认后,股东需要承担责任的三种情形是什么?**

**答** 所谓公司人格被否认,简单理解,公司叫法人,就是法律拟制出来的一个人,通常而言,这个"人"是有独立性的,但在有些情形下,法院可能会认为公司丧失独立人格,而判令股东承担连带责任,主要是以下三种情形:一是公司人格与股东人格混同;二是控制股东过度支配与控制公司;三是公司资本显著不足。

**问** 如何理解"公司人格与股东人格混同"?

**答** 认定公司人格与股东人格是否存在混同,最根本的判断标准是公司是否具有独立意思和独立财产,最主要的表现是公司的财产与股东的财产是否混同且无法区分。在认定是否构成人格混同时,按照法律规定应当综合考虑以下因素:第一,股东无偿使用公司资金或者财产,不作财务记载的;第二,股东用公司的资金偿还股东的债务,或者将公司的资金供关联公司无偿使用,不作财务记载的;第三,公司账簿与股东账簿不分,致使公司财产与股东财产无法区分的;第四,股东自身收益与公司盈利不加区分,致使双方利益不清的;第五,公司的财产记载于股东名下,由股东占有、使用的以及其他情形。另外还可能出现以下混同:公司业务和股东业务混同;公司员工与股东员工混同,特别是财务人员混同;公司住所与股东住所混同。人民法院在审理案件时,关键要审查是否构成人格混同,而不要求同时具备其他方面的混同,其他方面的混同往往只是人格混同的补强。

## 典型案例分析

以案说法为纠纷处理提供具体的参考

案件名称:福建省鞋帽进出口集团有限公司
与黄某华、林某婷清算责任纠纷

案号:(2021)闽02民终6262号

审理法院:福建省厦门市中级人民法院

案例来源:中国裁判文书网

**基本案情** 厦门鑫鹭豪贸易有限公司(以下简称鑫鹭豪公司)系有限责任公司,股东为黄某华、林某婷。2017年6月19日,福州市中级人民法院作出(2017)闽01民终1392号民事判决,判令鑫鹭豪公司应向福建省鞋帽进出口集团有限公司(以下简称鞋帽公司)偿还借款本金500万元及相应利息、律师代理费10万元。该判决生效后,鞋帽公司遂向福州市鼓楼区人民法院申请强制执行。该院作出(2017)民0102执4991号执行裁定,经采取积极的执行措施后仍不能有效执行,申请执行人又不能提供被执行人可供执行的财产线索为由,终结该案的本次执行程序。

2020年8月3日,黄某华、林某婷召开股东会并形成解散公司的决议。2020年8月6日,鑫鹭豪公司注销登记。

2021年2月19日,鞋帽公司认为黄某华、林某婷作为鑫鹭豪公司的股东,在清算鑫鹭豪公司的过程中,明知鞋帽公司对鑫鹭豪公司享有债权未得到受偿,却不通知鞋帽公司申报债权,以虚假的清算报告骗取厦门市市场监督管理局办理了注销登记,其行为损害了鞋帽公司的合法利益,故向一审法院提起诉讼,请求黄某华、林某婷对(2017)闽01民终1392号民事判决项下鑫鹭豪公司债务承担连带赔偿责任。

一审法院判令黄某华、林某婷对鑫鹭豪公司在(2017)闽01民终1392号民事判决项下尚欠鞋帽公司的借款本金500万元及利息、律师代理费10万元以及相应的迟延履行期间的债务利息向鞋帽公司承担赔偿责任。黄某华、林某婷不服一审判决,提起上诉。

**法院观点** 二审法院认为,根据《公司法》第189条第3款"清算组成员因故意或者重大过失给公司或者债权人造成损失的,应当承担赔偿责任"、《最高人民法院关于适用〈中华人民共和国公司法〉若干问题的规定(二)》第11条第2款"清算组未按照前款规定履行通知和公告义务,导致债权人未及时申报债权而未获清偿,债权人主张清算组成员对因此造成的损失承担赔偿责任的,人民法院应依法予以支持"以及第23条第1款"清算组成员从事清算事务时,违反法律、行政法规或者公司章程给公司或者债权人造成损失,公司或者债权人主张其承担赔偿责任的,人民法院应依法予以支持"的规定,本案中,在鑫鹭豪公司清算前,鞋帽公司对鑫鹭豪公司享有的债权已经得到生效判决确认并进入执行程序。黄某华、林某婷作为鑫鹭豪公司的清算组成员,在清算、注销鑫鹭豪公司过程中,既未对鑫鹭豪公司账户情况、涉诉情况进行核查、通知债权人鞋帽公司,也未就清算事宜采用在报纸上进行公告等方式通知债权人,存在明显过错。根据上述法律规定,黄某华、林某婷应当对鑫鹭豪公司的债务承担赔偿责任。

**裁判结果** 驳回上诉,维持原判。

**律师分析** 根据《公司法》第 189 条第 3 款"清算组成员因故意或者重大过失给公司或者债权人造成损失的,应当承担赔偿责任"之规定,清算责任系以清算组成员在从事清算事务时违反法律、行政法规或者公司章程规定的过失行为为构成要件,该清算组成员是否系公司实际控制人、是否参与公司经营事务不足以成为抗辩事由。特别是在本案债权人对公司享有的债权已经得到生效判决确认并进入执行程序时,执行信息均可通过相关司法公开渠道查询获知,法定代表人及公司均已被限制消费的情况下,即可推定作为清算组成员的公司股东明知公司存在债务未清偿,却在清算、注销过程中,既未对公司账户情况、涉诉情况进行核查、通知债权人,也未就清算事宜采用在报纸上进行公告等方式通知债权人,存在明显过错,应当对公司的债务承担赔偿责任。

## 020

# 担任企业法定代表人的权责与风险

🎤 FM99.6 厦门综合广播《新闻招手停》第 70 期

主持人：海蕾

主讲人：李志鹏律师、蓝丽英律师

**热点问题发现**

1. 担任法定代表人的人员资格有哪些限制？
2. 法定代表人享有的权利和承担的义务包括哪些？
3. 担任企业法定代表人存在哪些风险？

## 常见问题解答

**问** 法定代表人是法人吗？《民法典》是如何规定的？

**答** "法定代表人"这个名词,很多人经常把它简称为"法人",这个说法是不正确的,法人和法定代表人在法律上是两个不同的概念。按照我国《民法典》第61条第1款的规定,法定代表人是指依照法律或者法人章程的规定,代表法人从事民事活动的负责人,为法人的法定代表人。

**问** 法定代表人一般是由公司什么职务的人员来担任？

**答** 《公司法》第13条对法定代表人的范围作了明确的限定,即"公司法定代表人依照公司章程的规定,由董事长、执行董事或者经理担任,并依法登记。公司法定代表人变更,应当办理变更登记"。根据前述规定,法定代表人只能从董事长(执行董事)或者经理中选择。董事长(执行董事)实际上说的是一类人,设立董事会的公司,才有董事长,对于一些股东人数较少,或者规模较小的公司,设立一个执行董事,所以设立董事会的公司,担任法定代表人的人选可以是董事长,没有设立董事会的公司,担任法定代表人的人选可以是执行董事。另一类人就是经理,是指公司的总经理,并非部门经理或者岗位经理。

**问** 法定代表人是通过什么方式来担任的？

**答** 在我国,一个公司只有一个法定代表人,《公司法》规定担任的人选有两类,具体由谁担任,由公司的章程规定。公司章程里可以直接写明担任公司法定代表人的人员姓名,也可以只写上法定代表人由什么职务的人担任。比如,章程中载明"公司法定代表人由董事长(执行董事)或由总经理担任",实践中两种做法都有。但是,公司因经营的需要变更公司法定代表人时,需要对公司章程进行修改,而公司章程修改需要经过股东会,作出股东决议,并在市场监督管理局进行变更、备案登记,手续、流程都相当烦琐。所以,实践中,建议公司章程一般不写法定代表人具体的姓名,而只写具体由什么职务的人来担任。

**问** 担任法定代表人除了职务范围上的限制,还有其他限制吗?

**答**《公司法》第146条规定的不得担任公司的董事、监事、高级管理人员的情形,可归纳为三种类型:第一种是不满18周岁的人和不能辨认或不能完全辨认自己行为的成年人;第二种是受过经济类的刑罚,或者自己在担任董事、高级管理人员、法定代表人的时候,所在的公司发生了破产清算或者违法的行为,而且自己负有个人责任的;第三种是自己负有高额债务的人。

**问** 法定代表人在公司中具体是什么角色?享有什么权利?

**答** 公司作为一个法人,拥有自己独立的财产权和其他民事权利,但公司毕竟是一个组织体,本身不会说话、不会动,无法表达自己的意志。法定代表人充当表达公司意志的角色,来代表公司签署合同、发表意见等。法定代表人在一定程度上代表了公司,享有很大的权利,可以通俗地理解为是公司一个会行走的"公章"。结合我国现行法律规定,法定代表人享有的职权主要包括三类:一是在法律或者公司章程规定的权限内代表公司从事民事活动;二是代表公司进行诉讼活动;三是法律法规或者是公司章程规定的其他职权。

问 法定代表人享有权利的同时需要承担哪些义务?

答 《公司法》第147条规定,"董事、监事、高级管理人员应当遵守法律、行政法规和公司章程,对公司负有忠实义务和勤勉义务;董事、监事、高级管理人员不得利用职权收受贿赂或者其他非法收入,不得侵占公司的财产",这是法定代表人应当履行的最基本的义务。"忠实"义务是指在执行公司事务时,应当以公司利益为最高准则和全部期望,不得以损害公司利益为代价而追求自己或第三人利益,不得利用职权收受贿赂或者其他非法收入,不得侵占公司财产等。"勤勉"义务是指在执行公司事务时,应以一个合理谨慎的人在相似的情形下所应表现的谨慎、勤勉和技能来履行职责,要求为股东和公司的最大利益而尽心尽力。

另外,《公司法》第148条对"忠实"义务有更具体的规定,明确列举了不得为的相关行为,包括:(1)不得挪用公司资金;(2)不得将公司资金以其个人名义或者以其他个人名义开立账户存储;(3)不得违反公司章程的规定,未经股东会、股东大会或者董事会同意,将公司资金借贷给他人或者以公司财产为他人提供担保;(4)不得违反公司章程的规定或者未经股东会、股东大会同意,与本公司订立合同或者进行交易;(5)不得未经股东会或者股东大会同意,利用职务便利为自己或者他人谋取属于公司的商业机会,自营或者为他人经营与所任职公司同类的业务;(6)不得接受他人与公司交易的佣金归为己有;(7)不得擅自披露公司秘密;(8)不得违反对公司忠实义务的其他行为。

**问** 担任法定代表人具体存在什么法律风险,可能承担什么法律责任?

**答** 按照我国法律规定,法定代表人承担的法律责任包括民事责任、行政责任和刑事责任。第一,民事责任是指法定代表人因履职不当等导致需要承担赔偿责任。《民法典》第 62 条规定,"法定代表人因执行职务造成他人损害的,由法人承担民事责任。法人承担民事责任后,依照法律或者法人章程的规定,可以向有过错的法定代表人追偿"。第二,行政责任是指如在申请登记的过程中公司有隐瞒真实情况、弄虚作假等情况的,或者公司有抽逃、转移资金、隐匿财产逃避债务的,公司会受到行政处罚,法定代表人也需因此承担行政责任。第三,刑事责任是指如在单位犯罪中,除对单位进行处罚外,还会追究"直接负责的主管人员和其他直接责任人"的刑事责任。我国司法实践中,法定代表人通常被认定为单位"直接负责的主管人员"。除前述三种法律责任外,公司法定代表人也有可能因为公司事务被采取强制措施。比如,公司法定代表人因公司诉讼、公司欠缴税款等原因,被采取限制出境以及限制高消费等强制措施。

## 典型案例分析

以案说法为纠纷处理提供具体的参考

案件名称：王某和烟台某公司损害公司利益责任纠纷

案号：(2020)年鲁06民终6557号

审理法院：山东省烟台市中级人民法院

案例来源：中国裁判文书网

**基本案情** 烟台某公司成立于2014年2月20日，公司成立时为赵某个人独资的有限责任公司，注册资本为500万元。2015年6月，通过股东会决议委派王某为公司的法定代表人并办理了工商登记。此后，公司经过多次变更，2018年7月20日，公司法定代表人由王某变更为朱某，2020年又再次变更为赵某。公司从事二手车预付款担保业务，在办理二手车贷款业务时，收取客户贷款金额的5%作为保证金，并按照与银行签订的担保合同约定，在银行设立保证金专用账户用于存放保证金。2017年5月8日至11月1日，公司共为客户担保贷款6,025,000元，该贷款在银行存放的材料中全部由公司当时的法定代表人即王某签名担保，银行已将上述贷款全部处理完毕。但客户应交纳的5%的保证金共301,250元未存入公司账户，后公司向法院起诉要求王某赔偿该损失

301,250元及利息。王某主张其仅为挂名法定代表人,不参与公司的实际运营,没有勤勉义务,不应承担案涉赔偿责任。

**法院观点** 法院认定王某的各种签名行为已经超过了"法定代表人"的范畴,实际参与了公司经营。王某作为公司的法定代表人,没有对公司尽到忠实义务和勤勉义务,导致公司利益受损,现公司要求其赔偿公司损失及利息,理由正当,予以支持。

**裁判结果** 王某于判决生效后10日内付给烟台某有限公司人民币301,250元,并负担以301,250元为本金、自2017年11月2日起至2019年8月19日止按中国人民银行同期同类贷款基准利率计算、自2019年8月20日起至实际履行之日止按照全国银行间同业拆借中心公布的贷款市场报价利率计算的利息。

**律师分析** 本案中,王某主张其是挂名的法定代表人,并不享受法定代表人的实际权利,不应该承担赔偿责任,但审理法院并未采纳其抗辩,理由如下:

首先,在法律上,并不存在"挂名法定代表人"之说,根据商事登记外观主义原则,一旦办理工商登记手续,登记成为公司法定代表人,是具有法律上的对外公示的效力;其次,王某主张对签字的相关材料不知情,但王某作为一名具备完全民事行为能力的成年人,对自己的行为应有足够的认知能力，其在相关文件材料上签字，就应当承担相应的法律责任。在未提交证据证实自己主张的情况下，应认定其对自己签字的材料内容均是明知的，并应承担自身行为产生的法律后果。

因此，根据《公司法》及相关法律法规对法定代表人职权、义务的规定，结合司法实践中常存在的风险，建议在自己并不真正参与公司运营的情况下，慎重选择是否担任公司的法定代表人。实际参与公司经营，担任法定代表人的，在履职过程中，应按照《公司法》《企业破产法》等相关法律法规以及公司章程规定从事经营管理活动，对于公司经营需要签字的文件材料，应当慎重对待，保证自己参与的公司决策实现合法合规，最大限度地避免个人责任。

## 021

# 创业者如何选择合适的组织形式？股东风险知多少？

🎙 FM99.6 厦门综合广播《新闻招手停》第 74 期

主持人：*海蕾*

主讲人：*黄芬嫘律师、焦苏闽律师*

### 热点问题发现

1. 创业的组织形式有哪些？
2. 如何设置股权比例以保障自身合法权益？
3. 股东可能面临哪些法律风险？

## 常见问题解答 🔊

**问** 创业的组织形式有哪些？《民法典》如何规定？

**答** 创业的组织形式多样化，具有不同的特色与优势，创业者可根据个人需求来决定创业形式。例如，创业者可以选择成立一家公司，根据《民法典》的规定，营利法人包括有限责任公司、股份有限公司和其他企业法人等；非法人组织包括个人独资企业、合伙企业、不具有法人资格的专业服务机构等。创业者可以选择设立合伙企业、个人独资企业，还可以选择《民法典》规定的个体工商户、个人合伙等形式。

**问** 有限公司、合伙企业、个体工商户三种创业形式在法律层面上有什么不同？

**答** 有限公司，是指依法登记注册，由 50 个以下的股东出资设立，每个股东以其认缴的出资额为限对公司承担有限责任，公司以其全部财产对公司债务承担责任的经济组织。有限公司包括一人有限责任公司和普通有限责任公司。有限公司的财产独立于股东的财产，因此不允许股东任意支配公司财产。有限公司是"人合"性质的组织，因此转让财产份额以及股权必须经过一定的法律程序，征求其他股东、投资人的意见。税收方面，有限公司以经营所得缴纳企业所得税，分配给股东还要按照税收规定代扣代缴个人所得税。

合伙企业有普通合伙企业和有限合伙企业两种形式。普通合伙人对合伙企业债务承担无限连带责任,有限合伙人以其认缴的出资额为限对合伙企业债务承担责任。税收方面,合伙企业采用先分后税,合伙人是企业法人的,依法缴纳企业所得税,合伙人是自然人的,就按照经营所得超额累进税率缴税。

个体工商户是指经依法核准登记从事工商经营活动的自然人或者家庭。《民法典》第56条规定,个体工商户的债务,个人经营的,以个人财产承担;家庭经营的,以家庭财产承担;无法区分的,以家庭财产承担。相对应地,个体工商户的财产都是投资者个人所有,可以由投资者任意支配,个体工商户不存在利润分配的问题,根据现行法律规定,经营者只需要按照经营所得缴交个人所得税。

**问** 有限公司的股东有哪些类型?

**答** 我国法律规定,股东主要有四种类型:第一,以出资的实际情况与登记记载是否一致,把公司股东分为隐名股东和显名股东。隐名股东是指虽然实际出资认缴、认购公司出资额或股份,但在公司章程、股东名册和工商登记等材料中记载为他人的投资者。显名股东是指正常状态下,出资情况与登记状态一致的股东,有时也指不实际出资,但接受隐名股东的委托,为隐名股东的利益,对外登记为股东的受托人。第二,以股东主体身份来分,可分为机构股东和个人股东。机构股东是指享有股东权的法人和其他组织。机构股东包括各类公司、各类全民和集体所有制企业、各类非营利法人和基金等机构和组织。个人股东是指一般的自然人股东。第三，以获得股东资格的时间和条件等来分，可分为创始股东和一般股东。创始股东是指为组织、设立公司、签署设立协议或者在公司章程上签字盖章，认缴出资，并对公司设立承担相应责任的人，创始股东也叫原始股东。一般股东是指因出资、继承、接受赠与而取得公司出资或者股权，并因而享有股东权利、承担股东义务的人。第四，以股东持股的数量与影响力来分，可分为控股股东和非控股股东。控股股东又分为绝对控股股东和相对控股股东。控股股东是指其出资额占有限责任资本总额50%或依其出资额所享有的表决权已足以对股东、股东大会的决议产生重大影响的股东。

**问** 股权设置方面，股东应该注意什么？

**答** 对于股权的设置分配主要以股东之间的意思自治为主，但是股东在股权设置上需要注意相关的法律规定。根据我国《公司法》的相关规定，股东所持有的股权份额不同，对公司所能享有的权利范围也是不同的，主要有三种：一是拥有10%以上表决权的股东可以对损害公司利益的董监高这类管理人员或其他股东提起股东代表诉讼；二是公司日常经营决策需要过半数以上表决权股东通过；三是公司合并、分立或解散公司、修改公司章程、增加或减少注册资本、变更公司形式等重大事项，需要2/3以上表决权股东通过。表决权是指公司的股东依据出资的比例或者所持的股份，对公司的重要事务进行投票的一种权利。股东出席股东大会会议，所持每一股份有一表决权，并非以股东的人头数进行计算。

**问** 股权设置有何技巧？

**答** 实践中，股权设置有三个关键点：一是67%，即2/3以上的表决权，这是绝对控股；二是51%，即一半以上的表决权，这是相对控股；三是34%，即1/3以上的表决权，这是安全控股。但也存在相对不妥当的股权分配方式，如平均分配，会导致公司在经营时没有决定人，公司股东团队在作出决策时容易陷入僵局。所以股权的设置不仅是法律问题，更是股东之间的商业博弈和经营技巧。

**问** 有限公司股东有哪些法律风险？

**答** 公司成立之后，股东并不是就高枕无忧了，股东可能在经营过程中面临一些法律风险。我国《民法典》第83条规定了营利法人的出资人滥用权利的责任承担，滥用出资人权利造成法人或其他出资人损失的，应依法承担民事责任。营利法人的出资人不得滥用法人独立地位和出资人有限责任损害法人、债权人的利益，如有发生应当对法人的债务承担连带责任。《民法典》第84条规定了营利法人的控股出资人、实际控制人等不得利用其关联关系损害法人的利益，否则应承担赔偿责任。《公司法》第20条第1款也规定了公司股东应当遵守法律、行政法规和公司章程，依法行使股东权利，不得滥用股东权利损害公司或者其他股东的利益等相关规定。

**问** 隐名股东可能存在哪些法律风险?

**答** 隐名股东的风险责任划分有不同情况:若隐名股东和显名股东双方之间对股东资格有明确的协议约定,公司内部其他股东知道或应当知道这一事实,隐名股东在事实上参与公司经营管理和资产收益,已实际以股东身份行使权利,应确认其股东资格,保护其应有的股东权益,对内承担法定股东责任;若双方未约定隐名股东为实操股东或者承担投资风险,且隐名股东也未以股东身份参与公司管理或者未实际享受股东权利的,实践中有可能会被认定按债权债务关系处理。

**问** 一人有限公司股东有哪些法律风险?

**答** 一人公司虽然设置简单,人员组成单一,公司运营效率较高,成本较低,但缺乏股东之间及公司组织机构之间的相互制衡,容易混淆公司财产和股东个人财产,股东可以将公司财产挪作私用,或给自己支付巨额报酬,或同公司进行自我交易,或以公司名义为自己担保或借贷等。经营一人公司的股东一定要注意在日常生产经营活动中将公司财产与个人财产作独立管理,否则很有可能会对一人公司之债承担连带责任。

## 典型案例分析

**以案说法为纠纷处理提供具体的参考**

案件名称:福建某工贸公司与厦门某商贸公司、刘某买卖合同纠纷

案号:(2020)闽0203民初12507号

审理法院:福建省厦门市思明区人民法院

案例来源:中国裁判文书网

**基本案情** 福建某工贸公司(以下简称福建公司)于2020年4月与厦门某商贸公司(以下简称厦门公司)签订了相关产品的《采购合同》,约定厦门公司向福建公司订购总价为360万元的标的产品,后因厦门公司无法履行合同,福建公司将其起诉至法院要求退还货款并承担违约金,因厦门公司系一人有限公司,故同时将厦门公司的股东刘某列为共同被告,要求刘某对厦门公司的债务承担连带责任。

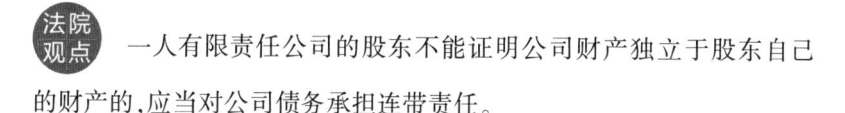

**法院观点** 一人有限责任公司的股东不能证明公司财产独立于股东自己的财产的,应当对公司债务承担连带责任。

**裁判结果** 刘某对厦门公司应当向福建公司承担的360万元债务承担连带责任。

**律师分析** 本案案由虽为买卖合同纠纷，但实际的争议焦点在于股东刘某是否需要对一人公司之债承担连带责任。而审理法院是根据《公司法》第63条"一人有限责任公司的股东不能证明公司财产独立于股东自己的财产的，应当对公司债务承担连带责任"的规定认定本案厦门公司的股东刘某需要对公司之债承担连带责任。而如何才能避免一人公司股东与公司财产混同的法律风险呢？建议从以下四个方面来防范财产混同的法律风险：第一，合法有效的审计。一人公司应当在每一会计年度终了时编制财务会计报告，并经会计师事务所审计，经过合法审计的财务报告可作为证明股东与公司财产独立的证据。第二，定期制作独立的财务报表。一人公司应当有独立的财务报表。作为一家合法存续的一人公司，是否存在独立的财务报表对证明股东个人财产独立于公司财产非常重要。第三，建立健全规范的公司财务制度。一人公司有专门的银行账户，对公司的收入和支出建议使用公司专门的银行账户。第四，保管好财务收入和支出票据及书面说明。公司在生产经营活动中的收入和支出要有清晰的银行流水予以证明。

## 022

# 谈谈公司注销以及背后的法律风险

🎙 FM99.6厦门综合广播《新闻招手停》第80期

主持人：海蕾

主讲人：宗锐律师、黄扬扬律师

### 热点问题发现

1. 公司注销程序不规范会带来什么法律风险？
2. 企图通过注销公司恶意逃避债务的法律后果是什么？
3. 公司注销后股东对公司债务承担怎样的责任？

## 常见问题解答

**问** 什么是公司注销程序？

**答** 在法律上，公司是具有民事权利能力，能够享有权利、负担义务的一种民事主体。公司和自然人一样，除了诞生，也会消亡，即《民法典》第59条规定的，法人的民事权利能力和民事行为能力，从法人成立时产生，到法人终止时消灭。对于公司注销，《民法典》第68条第1款也有规定，有下列原因之一并依法完成清算、注销登记的，法人终止：(1)法人解散；(2)法人被宣告破产；(3)法律规定的其他原因。

**问** 公司注销的一般基本程序有哪些？

**答** 根据国家市场监督管理总局2021年修订的《企业注销指引》，公司注销一般需要经历决议解散、清算分配和注销登记三个主要过程。公司在终止前，须依法宣告解散、成立清算组进行清算，即清理公司财产、清缴税款、清理债权债务，支付职工工资、社会保险费用等。在公司完成清算后，应制作清算报告并及时办理注销公司登记。

**问** 公司有几种解散方式？

**答** 公司的解散方式主要有两种：第一种是自愿解散，指基于公司或股东的意愿而导致的公司解散，包括公司章程规定的营业期限届满或者公司章程规定的其他解散事由出现、股东会或者股东大会决议解散、因公司合并或者分立需要解散等；第二种是强制解散，指非依公司或股东自己的意愿,而是基于政府有关机关的决定命令或法院的裁决而发生的解散,通常分为行政决定解散与司法判决解散。行政决定解散包括依法被吊销营业执照、责令关闭或者被撤销;司法判决解散则是因公司经营管理发生严重困难,继续存续会使股东利益受到重大损失,通过其他途径不能解决的,持有公司全部股东表决权10%以上的股东向人民法院提起解散公司诉讼,请求人民法院解散。

**问 公司清算的主要内容是什么？清算时应该注意哪些方面？**

**答** 除因合并、分立而解散外,公司作出解散决议后,都应当进行清算。公司清算的主要内容为清理公司资产,清结各项债务,终结现存的各种法律关系。清算的过程应注意程序的合法性。第一,公司应依法成立清算组,向工商登记部门办理清算组备案。第二,清算组应当妥善保管公司的主要财产、账册、重要文件。第三,清算组应当严格按照《公司法》第184条的规定完成清算组的工作,包括:(1)清理公司财产,分别编制资产负债表和财产清单;(2)通知、公告债权人;(3)处理与清算有关的公司未了结的业务;(4)清缴所欠税款以及清算过程中产生的税款;(5)清理债权、债务;(6)处理公司清偿债务后的剩余财产;(7)代表公司参与民事诉讼活动。第四,即使在简易注销程序中也没有免去公司原有的清算义务。

**问 适用简易注销流程的对象有哪些？**

**答** 原则上，简易注销登记只适用于未发生债权债务或已将债权债务清偿完结的市场主体。但如果企业有被列入企业经营异常名录或严重违法失信企业名单的，存在股权（投资权益）被冻结、出质或动产抵押，或有正在被立案调查或采取行政强制、司法协助、行政处罚，以及涉及国家规定实施准入特别管理措施的外商投资企业等情形存在就不能适用企业简易注销登记。

**问 未经法定程序清算就注销公司，债权人想要维权有什么法律依据？**

**答**《最高人民法院关于适用〈中华人民共和国公司法〉若干问题的规定（二）》第11条规定，公司清算时，清算组应当通知全体已知债权人，并根据公司规模和营业地域范围在全国或者公司注册登记地省级有影响的报纸上进行公告。清算组未履行通知和公告义务，导致债权人未及时申报债权而未获清偿，债权人可以向清算组成员主张因此造成的损失。

**问 为了恶意逃避债务直接注销公司，哪些人需要承担法律后果？**

**答** 首先是公司股东和公司的实际控制人。根据《最高人民法院关于适用〈中华人民共和国公司法〉若干问题的规定（二）》第19条的规定，有限责任公司的股东、股份有限公司的董事和控股股东，以及公司的实际控制人在公司解散后，恶意处置公司财产给债权人造成损失，或者未经依法清算,以虚假的清算报告骗取公司登记机关办理法人注销登记,债权人主张其对公司债务承担相应赔偿责任的,人民法院应依法予以支持。其次是清算组的成员以及在公司注销时作出承诺的第三人。根据《最高人民法院关于适用〈中华人民共和国公司法〉若干问题的规定(二)》第20条第2款的规定,公司未经依法清算即办理注销登记,股东或者第三人在公司登记机关办理注销登记时承诺对公司债务承担责任,债权人主张其对公司债务承担相应民事责任的,人民法院应依法予以支持。

**问 作为公司的股东,在注销公司时应该关注哪些问题?**

**答** 第一,《最高人民法院关于适用〈中华人民共和国公司法〉若干问题的规定(二)》第22条第1款规定,公司解散时,股东尚未缴纳的出资均应作为清算财产。实践中,一般将股东承诺的注册资本缴纳时间视为已经届满,也称"加速到期"。所以当公司财产不足以清偿债务时,债权人可以主张未缴出资股东,以及公司设立时的其他股东或者发起人在未缴出资范围内对公司债务承担连带清偿责任。第二,《最高人民法院关于适用〈中华人民共和国公司法〉若干问题的规定(三)》第28条规定,冒用他人名义出资并将该他人作为股东在公司登记机关进行登记的,冒名登记行为人应当承担相应责任。所以公司实际控制人在决定注销公司时,应当注意股东登记情况的真实性问题,避免让自己和他人产生不必要的法律风险。第三,如果注销的是一家一人有限责任公司,在清算过程中应尽可能排除公司财产与股东个人财产混同的法律风险。因为如果股东无法自证公司财产独立于个人财产时，即使公司注销后，股东仍然要对担任股东期间的公司债务承担连带责任。对此律师建议，一人有限公司的经营者要严格依法开展经营活动，公司应独立记账，公司账户不与个人账户混用，依法提取公司利润，清算时对公司进行专项审计，保证公司法人的人格独立性。

**问** 如果在公司注销后又产生新的债务，股东该如何处理？

**答** 法律上对此问题并没有明确的规定，处理也存在一定争议。但我们可以先对新债务产生的原因进行分析，如果新债务产生的原因是清算组应当能够预见的，那么就应当依据《公司法》的相关规定，以清算组未履行通知债权人的义务，要求清算组承担责任。对于那些不可预见的新债务，股东应以其在剩余财产分配中已经取得的财产为限承担清偿责任。所以公司注销后出现的新债权人，其向股东主张债权的同时，也要考虑到股东仅分配到剩余财产，如果公司在注销过程中已经完全履行清算义务，且主观上并没有恶意逃避债务的情况下，由股东返还公司清算后其取得的剩余财产，清偿公司注销后新产生的债务的做法较为妥当。

## 典型案例分析

**以案说法为纠纷处理提供具体的参考**

案件名称：沈某某与汪某清算责任纠纷

案号：(2022)京0106民初9063号

审理法院：北京市丰台区人民法院

案例来源：中国裁判文书网

**基本案情** 2019年年底，沈某某在芳雅兰泽公司办理了6.8折现金卡，并向该卡存入20,000元，芳雅兰泽公司向沈某某提供美容服务的同时也出具了相应金额的收据。芳雅兰泽公司的股东为汪某（持股比例为100%），认缴出资30万元。办卡后，沈某某仅消费了3000元，截至2021年年底，卡内仍剩余17,000元。沈某某再次去消费时却发现该店铺已不存在。通过工商查询得知，股东汪某在没有通知沈某某的情况下，已于2022年1月13日申请注销了芳雅兰泽公司，北京市市场监督管理局于2022年2月10日准予注销登记。但实际上双方之间的服务合同仍未履行完毕，因此沈某某将股东汪某起诉至法院，要求股东汪某返还其卡内剩余款项17,000元。

诉讼中，股东汪某表示其于2021年11月26日已将该店铺转让给案外人宋某某，后因为宋某某的原因没能办理相应的工商变更登记，自已就把原来的公司注销了。该店铺在转让给宋某某前,沈某某卡里仅剩下 15,758 元,且该店铺实际由宋某某经营至 2022 年 2 月,是宋某某后来关掉了店铺,应由宋某某继续为公司客户提供服务,所以不认可沈某某的诉讼请求。

**法院观点** 芳雅兰泽公司尚未向沈某某履行全部合同义务,汪某作为芳雅兰泽公司的唯一股东,在办理公司注销事宜中对于该已知债权未依法履行通知义务,导致沈某某未能申报债权而造成损失,其主观上具有过错。沈某某要求汪某退还未消费款项具有事实及法律依据,法院予以支持。汪某辩称已与案外人宋某某达成协议,由宋某某通知顾客去其他店铺接受服务,但并未举证证明此事征得过沈某某的同意,沈某某当庭亦表示不同意由第三方提供服务,故汪某与案外人达成的协议不对沈某某发生效力。

**裁判结果** 汪某对芳雅兰泽公司所欠沈某某款项 17,000 元向沈某某承担赔偿责任,于本判决生效之日起 10 日内给付。

**律师分析** 根据《公司法》第 185 条第 1 款的规定,清算组应当自成立之日起 10 日内通知债权人,并于 60 日内在报纸上公告。《公司法》第 189 条规定,清算组成员应当忠于职守,依法履行清算义务。清算组成员不得利用职权收受贿赂或者其他非法收入,不得侵占公司财产。清算组成员因故意或者重大过失给公司或者债权人造成损失的,应当承担赔偿责任。另根据《最高人民法院关于适用〈中华人民共和国公司法〉若干问题的规定(二)》第11条的规定,公司清算时,清算组应当按照《公司法》第185条的规定,将公司解散清算事宜书面通知全体已知债权人,并根据公司规模和营业地域范围在全国或者公司注册登记地省级有影响的报纸上进行公告。清算组未按照前款规定履行通知和公告义务,导致债权人未及时申报债权而未获得清偿,债权人主张清算组成员对因此造成的损失承担赔偿责任的,人民法院应依法予以支持。所以,重视公司注销程序不仅是一种形式上的要求,完整的注销程序对保障公司债权人的利益是能起到实实在在的法律效果的。

本案中,芳雅兰泽公司的股东可能觉得所谓注销程序不过是向有关部门按部就班地提交相关申请表格和材料就完事了,但其忽略自己在向登记机关申请芳雅兰泽公司的简易注销登记时,曾签署过一份《全体投资人(发起人)承诺书》,该承诺书内容为承诺本企业申请注销登记前未发生债权债务/已将债权债务清算完结,清算工作已全面完结;本企业全体投资人对以上承诺的真实性负责,如果违法失信,则由全体投资人承担相应的法律后果和责任,并自愿接受相关行政执法部门的约束和惩戒。这一点也反映出部分经营者缺乏公司注销环节相关的法律意识,不曾意识到自己把店铺转让给案外人却仍然存在法律上的风险。所以公司注销应该按照法律规定的程序和方式妥善处理,否则股东依然要被判决承担相应的法律责任。

# 023

# 揭秘影视投资的套路

FM99.6 厦门综合广播《新闻招手停》第 77 期

主持人：海蕾

主讲人：方凡佳律师、陈力律师

## 热点问题发现

1. 影视项目投资包括哪些主体？
2. 影视项目投资有哪些类型？
3. 影视投资合同如何"避坑"？

**常见问题解答**

**问** 电影中的出品方、联合出品方、发行方等，谁是电影作品的著作权人？

**答** 出品方是指电影的原始投资方，或投资份额较大的主要投资方。与此相关的还有联合出品方。联合出品方是指因受让出品方投资份额而成为电影的后续投资方，或投资份额较小的一般投资方。发行方是电影的宣传与发行单位，负责电影制作过程中的宣传，以及制作完成后的宣传与发行。从定义上我们就可以得知，出品方与发行方分工不同。对于一些实力雄厚的出品方而言，也可以自行承担发行的工作，但通常出品方还是会委托专业发行公司代为发行。从法律上我们更关注的其实是电影的著作权人。根据《著作权法》第17条第1款的规定，"视听作品中的电影作品、电视剧作品的著作权由制作者享有，但编剧、导演、摄影、作词、作曲等作者享有署名权，并有权按照与制作者签订的合同获得报酬"。现在的影视作品一般都不会用"制片者"来署名，而是像前面讲的署名出品方、联合出品方、荣誉出品、联合摄制等，比较混乱。在没有相反证据的情况下，司法审判通常将出品方认定为影片的著作权人。北京市高级人民法院曾出台了《著作权侵权案件审理指南》，其中指出："除有相反证据外，可以根据电影、电视剧等影视作品上明确标明的权属信息确定著作权人。未明确标明权属信息的，可以认定在片头或者片尾署名的出品单位为著作权人，无出品单位署名的，可以认定署名的摄制单位为著作权人,但有相反证据的除外。"

**问** 影视项目投资有哪些类型?

**答** 首先,按投资客体划分,影视项目投资可以分为电影投资、电视剧投资、综艺节目投资等。还有现在非常火热的网剧,也可以作为一种项目类型。

其次,按投资主体划分,影视项目投资可以分为独家投资和联合投资。独家投资,顾名思义就是只有一个投资主体,而联合投资就是有两个以上的投资主体。现在一部剧或者一档综艺往往需要投入大量资金,因此独家投资的情况相对少见,即使有也是由行业内懂行的或者有情怀的资深从业人员进行的投资,联合投资占市场的绝大多数,也是行业外主体入局投资的主要方式。

最后,按投资(分配)模式划分,影视项目投资可以分为出资等比分配、溢价投资、干股出资(折抵出资)、固定投资、保底风险投资等模式。出资等比分配就是投资人的出资比例与项目版权占比、收益分红比例相同的分配模式。溢价投资就是在投资项目中引入多方投资人,投资人虽然出资比例高,但是项目版权占比、收益分红占比低于其出资比例。干股出资或折抵出资是指一些投资方不出资或者出资很少一部分,但通过其他的资源进行折抵,然后再参与项目分配。比较典型的例子就是版权折抵或者劳务折抵。比如,剧本版权方以版权折抵出资,商定收益分红比例,然后影视剧的导演或演员以部分劳务进行折抵、投资等。固定投资就是不管项目最终是否盈利,制片方都有义务全额返还投资人的本金,并在本金的基础上还附有约定的利息的给付义务。这种固定投资一旦发生争议诉至法院,通常会被认定为借贷关系。保底风险投资,简单来说就是保证本金不受损失,如果项目多赚钱再多分。

**问** 影视投资项目通常涉及哪些文件及合同?

**答** 影视投资大多数情况下存在多个合作方,历时数年,是一个系统性工程,因此,以书面方式敲定投资细项非常有必要。以电影投资为例,起码需要《电影拍摄项目合作合同》或者《电影联合投资合同》。大家注意,我们不拘泥于上述两种名称,主要应关注这类合同的内容,大体上是要对各方合作角色、地位、收益情况等进行约定。如果将整个投资项目涉及的文本类比于我国的法律体系,那么这类合同就相当于"宪法"的地位,对投资合作起到统领全局的作用。

此外,影视作品也少不了导演和演员,因此还需要导演、演员的《聘用合同》。影片开拍通常也需要剧本,因此还要有完整的《文学剧本转让合同》。如果涉及在影片中植入广告,还需要与广告商签订《广告合作协议》。影片完成以后,如果委托专业公司进行发行,则需要签订《发行许可合同》,以及各类衍生品、周边、手办等的开发合同等。

**问** 个人投资者遇到一个确实不错的影视项目,该如何"避坑"?

**答** 首先,在资金投入方面,投资人可以与出品主控方约定分期投入。比如,可以约定在合同签订后几日内各自投入多少,在影片开机后几日内各自投入多少,开机后几个月内各自投入多少,电影杀青后各自投入剩余资金。这样约定的效果是可以有效控制拍摄成本,也可以防止出现你的资金一次性到位后,其他投资人资金未到位导致影片拍摄搁置,从而自身遭受较大损失的情况。

其次,在资金使用方面,虽然影视投资常常出现制作费超支的情况,但投资者仍有权了解和明确资金的具体使用情况。同时,投资者要关注在超支情况下,制作费用是否由现有投资方追加、如何追加以及是否引入其他投资人等问题。比如,各方可以约定:如果发生超支,项目主控方应向本合同其他各方书面说明超支情况,提供相应明细、账单供其他各方审阅,并说明应予追加投资的金额。如果超支金额在总投资比例的百分之多少以内,则各投资方按原投资比例无条件追加。如果超过限定的百分比,则由项目主控方承担,且不因主控方追加投资影响各方的收益分配比例、版权比例。

最后,在收益约定方面,可以约定在影片正式公映 1 年内,发行方、主控方应于公映之日起每个月结束后的几个工作日内向合同各方提供结算报表;在影片公映 1 年以后,每半年提供一次结算报表。同时建议合同中还应当约定回款结算的期限。这对于保护个人投资者至关重要。

此外还可约定在结算报表经各方确认后几个工作日内,发行方或主控方将收入汇入指定银行账户,该账户为专用账户、共管账户,防止资金被挪用,也促进各方积极结算。

**问** 对于投资者而言,版权方面有哪些"避坑"指南?

**答** 版权方面,最重要的就是关注剧本问题。制作单位在拍摄前是否合法取得剧本的著作权是剧作能否顺利拍摄及拍摄后能否成功发行放映的前提条件。在对剧本进行尽调时应当重点关注制作单位是否取得了原作的改编权、摄制权,并保证对原作的修改已经获得作者的授权或者同意。这里提及的改编权是指改编作品、创作出具有独创性的新作品的权利。摄制权是指以摄制视听作品的方法将作品固定在载体上的权利。这两项权利在以剧本改编的影视剧过程中必不可少。对于改编权还要注意其授权范围,是仅授权该电影项目的改编,还是其他形式的改编。因为这可能涉及后续作品的开发问题,如将剧本大致内容后续改编成游戏等。最好是采用"列举+兜底"的方式,将可能出现的作品形式都包含在授权范围中。改编权的期限也应当进行明确。考虑后续可能进行的开发,可以约定较长的期限。对原作的修改,涉及著作权中具有很强人身属性的修改权和保护作品完整权。这两项人身权利无法进行转让,但是在以剧本改编的影视剧过程中必不可少。如果未取得原作者的同意或授权,可能会对后续拍摄造成不必要的纠纷。

## 典型案例分析

以案说法为纠纷处理提供具体的参考

案件名称：院线电影《麦路人》投资合同纠纷

案号：(2021)京03民终12631号

审理法院：北京市第三中级人民法院

案例来源：中国裁判文书网

**基本案情** 原告姚某在微信群中了解到私格传媒公司对电影《麦路人》的投资宣传，便与私格传媒公司签订《院线电影〈麦路人〉项目收益权转让协议》。合同载明私格传媒公司是电影《麦路人》的出品单位之一，系原著剧本的提供方，享有影片的投资份额及对应收益权，并负责参与跟进电影的拍摄、制作、报批等工作。姚某为此投资了21万元，可是直到电影上映数月后，姚某并未取得任何收益，私格传媒公司以电影亏损为由不予支付任何金额。姚某诉至法院要求撤销该合同。

**法院观点** 一是该公司并非电影《麦路人》的出品方，实际情况是电影出品方的收益权几经转卖才到了私格传媒公司手上；二是私格传媒公司没有证据证明影片总投资金额，并且其与前手公司的转让协议载明私格传媒公司投资1500万元占总投资额的10%，也就是说，私格传媒公司存在夸大电影投资额的行为。因此,法院最终认定私格传媒公司的行为构成欺诈,姚某享有撤销权。

**裁判结果** (1)撤销姚某与私格传媒公司于 2020 年 7 月 30 日签订的《院线电影〈麦路人〉项目收益权转让协议》;(2)私格传媒公司于判决生效之日起 7 日内向姚某返还投资款 21 万元;(3)私格传媒公司于判决生效之日起 7 日内向姚某支付利息损失(以 21 万元为基数,自 2020 年 8 月 1 日起算至实际支付之日止,按照全国银行间同业拆借中心公布的贷款市场报价利率的标准计算)。

**律师分析** 在签订影视投资合同之前,一定要做好相关调查,明确签订合同的主体。同时注意审核合同签订主体是否为电影项目真实的出品方、是否享有版权,占据多少投资比例。本案中,原告此前没有着重审查上述信息,最后只好通过诉讼的方式解决纠纷。法院最终依据合同签订时《合同法》第 54 条的规定,以欺诈为由判决撤销双方的影视投资合同,维护了公平、正义。

## 024

# 民法典时代企业合规的相关法律问题

FM99.6 厦门综合广播《新闻招手停》第 54 期

主持人：海蕾

主讲人：黄芬嫘律师、沈逸琛律师

### 热点问题发现

1. 什么是企业合规？
2. 在《民法典》时代，企业如何做到个人信息保护的合规？
3. 企业如何建立合规体系？

**常见问题解答** 🔊

**问** 什么是企业合规？

**答** 企业合规本质上是一个公司为防控法律风险所采取的治理结构和治理体系。企业合规管理是实现企业长远发展目标的核心抓手，合规的内涵就是要确保企业经营符合法律法规、监管要求、公司制度及商业伦理，它瞄准的正是企业及其员工的行为。① 企业合规的实质就是要让企业预防或减少发生法律风险。

**问** "合规不起诉"制度，是一项什么制度？

**答** "合规不起诉"是指检察机关对涉嫌实施犯罪并作出认罪认罚的涉案企业，在其承诺或是实施有效合规管理体系的前提下，检察机关根据对该企业合规计划的验收情况，作出不起诉决定或是从轻处罚量刑建议的制度。② "合规不起诉"是企业涉案后的一剂"良药"，是一种危机处理的事后合规，而"有效的企业合规"是企业调理自身的"补药"，注重的是事前的预防。

企业合规不起诉改革既是近年来一场意义深远的司法改革，也是一次伟大的司法理念革新。具体来说，合规不起诉改革体现了三大司法理念：一是对企业加强司法保护；二是推动企业有效治理；三是检察机关参

---

① 参见姜先良：《企业合规与律师服务》（第2版），法律出版社2021年版。
② 参见陈瑞华：《企业合规基本理论》（第3版），法律出版社2022年版。

与社会治理。通俗地讲，就是不能"办一个案件搞垮一个企业"，因为一个企业的定罪可能会连累大量员工、股东、投资人、客户、第三方商业伙伴等无辜第三人，因此保护企业不仅是考虑企业本身，更是为了维护国家利益和社会公共利益。通过合规不起诉制度探索，检察机关可以督促涉案企业进行合规整改，建立合规管理体系，完成"去犯罪化"改造。在这个意义上，督促企业合规整改就是保护企业，帮助其实现可持续发展，建成"百年老店"。

**问 在《民法典》时代，企业如何做到个人信息保护的合规？**

**答** 2021年施行的《民法典》，将个人信息权利规定其中，并且在"人格权编"中专章规定了"隐私权和个人信息保护"，从法律层面强调了对个人信息的保护力度。根据《民法典》第111条的规定，自然人的个人信息受法律保护。任何组织或者个人需要获取他人个人信息的，应当依法取得并确保信息安全，不得非法收集、使用、加工、传输他人个人信息，不得非法买卖、提供或者公开他人个人信息。

在劳动用工中，第一，建议企业在获取劳动者的个人信息前，明示收集、使用信息的目的、范围和规则，并取得劳动者的同意；第二，妥善保管劳动者的个人信息，并采取保密措施，防止信息泄露；第三，遵守法律法规对个人信息收集、使用的规定。

在企业经营中，根据《个人信息保护法》第26条的规定，在公共场所安装图像采集、个人身份识别设备，应当为维护公共安全所必需，遵守国家有关规定,并设置显著的提示标识。建议企业按照个人信息最小化原则,在自身业务范围内进行客户的个人信息采集,同时告知客户信息收集、处理的目的,让客户对个人信息的处理及使用有事先的评估。此外,建议企业在内部建立健全数据合规审查制度,如审查数据内容是否为法律法规允许采集。对于从第三方获取的信息,建议审查数据提供方对外提供数据行为的合法合规性,对明知非法来源的信息拒绝获取与使用;建议在企业内部建立监督管理职能部门,负责隐私政策的落实与违规自查,对接触到客户个人信息的环节做好流程管理与人员约束,杜绝利用客户的个人信息进行交易的情况发生。[1]

**问 企业如何建立合规体系?**

**答** 从目前的相关规定、指引和一些案例来看,企业合规管理体系的建立可以从三个层面考虑:第一是决策层面,只有决策层重视(老板、董事会),才可能从零开始建立企业合规体系;第二是管理层面,渗透到企业管理的各种细节中;第三是执行层面,要全面贯彻企业合规体系,从发现问题开始,到解决问题、留痕审查,之后对合规体系进行相应修改完善。

具体建议企业可以通过四个步骤建立企业合规体系:第一步是尽职

---

[1] 参见张艳丰、邱怡:《硬规则下我国移动阅读 App 隐私政策合规性研究》,载《现代情报》2022 年第 1 期。

调查,通过资料收集、现场调查、调查问卷、人物访谈等综合调查手段获取项目所需的全部基础信息;第二步是风险识别,根据尽职调查获得的基础信息,通过分析确认企业及员工行为结合主体及环境的情况判定企业可能面临的风险;第三步是制定方案,需要根据风险识别的结果,在满足或平衡各种客观限制条件的基础上,制定出不同风险点的解决方案,并建立基本制度、合规指南、操作手册等合规管理体系;第四步是宣贯执行,通过宣讲、培训等方式普及基本制度、合规指南、操作手册等以提高企业人员执行力,同时全面、深入地实际执行相关管理体系以使新的秩序化为现实并形成新型合规文化。

## 典型案例分析

**以案说法为纠纷处理提供具体的参考**

案件名称:郑某、杨某等九人侵犯公民个人信息罪

案号:(2017)甘01刑终89号

审理法院:甘肃省兰州市中级人民法院

案例来源:中国裁判文书网

**基本案情** 2011年至2013年9月,被告人郑某、杨某分别担任雀巢(中国)有限公司西北区婴儿营养部市务经理、兰州分公司婴儿营养部

甘肃区域经理期间,为了抢占市场份额,推销雀巢奶粉,授意该公司兰州分公司婴儿营养部员工被告人杨某某、李某某、杜某某、孙某通过拉关系、支付好处费等手段,多次从兰州大学第一附属医院、兰州军区总医院、兰州兰石医院等多家医院医务人员手中非法获取公民个人信息。

2016年10月31日,一审法院判决郑某、杨某等以非法方式获取公民个人信息,情节严重,已构成侵犯公民个人信息罪。①

一审法院宣判后,各被告人提起上诉。郑某以自己的行为是公司行为为由提出上诉,其辩护人提出本案属于单位犯罪的辩护意见;杨某某的辩护人提出本案属于单位犯罪的辩护意见;李某某以自己的行为都是公司下达的任务为由提出上诉;杜某某以自己的行为是公司的要求,所获取的信息都是提供给公司为由提出上诉。

二审期间,雀巢公司的律师团队提供了《雀巢宪章》《雀巢指示》(取自雀巢公司员工培训教材)、《关于与保健系统关系的图文指引》等多份证明材料,其中明确规定公司员工对医务专业人员不得进行金钱、物质引诱,不得采用非法手段获取公民个人信息,公司还要求所有员工接受合规培训并签署承诺函。

**法院观点** 单位犯罪是以为本单位谋取非法利益为目的,在客观上实施了由本单位集体决定或者由负责人决定的行为。雀巢公司政策、员工行为

---

① 兰州市城关区人民法院(2016)甘102刑初605号刑事判决书。

规范等证据证实,雀巢公司禁止员工从事侵犯公民个人信息的违法犯罪行为,各上诉人违反公司管理规定,为提升个人业绩而实施犯罪为个人行为。

**裁判结果** 驳回上诉,维持原判。

**律师分析** 这个案件曾被律师界称为"企业合规无罪抗辩第一案",具有里程碑的意义。本案中,将公司责任和员工责任分割开来的恰是雀巢公司内部所建立的"合规管埋体系"。企业通过建立合规管理体系,对员工尽到了注意义务和管理责任,表现出既没有鼓励、纵容犯罪,也不存在管理上的失职行为,企业的独立意志就通过合规管理文件得以体现,与责任人员意志实现了分离。

## 025

# 商业经营中的秘密是否都能称为"商业秘密"?

🎙 FM99.6 厦门综合广播《新闻招手停》第 46 期

主持人:海蕾

主讲人:苏礼墩律师、王琼律师

### 热点问题发现

1. 客户名单算不算商业秘密?
2. 员工离职带走客户是否属于侵犯商业秘密行为?
3. 在商业秘密诉讼中,企业是不是要把所有机密文件都提交给法院?
4. 侵犯商业秘密会不会被判刑?

## 常见问题解答

**问** 客户名单算不算商业秘密？

**答** 客户名单一般应当包括以下基本内容：(1)客户名册,是经营者经过加工、整理、汇集和记录客户信息的载体,可以书面形式、电子文档或其他的方式存在。(2)报价单,此处的报价单不是企业向社会公布的价目单,而是针对某一特定客户而专门作出的既能保证自己的利润又在客户的承受能力之内的报价单。该报价单甚至可以包括对特定客户的回扣信息或可以进行优惠的幅度。(3)独特的交易习惯,如客户结算的方式和期限,对货源的独特要求等。如果知悉了这些客户的独特交易习惯,会大大增加交易的机会,减少交易的成本。(4)交易的内容。(5)经营规律。每个客户也都会存在独特的经营规律,在产品购买的时间间隔、种类选择等方面也会存在差异。北京市高级人民法院在答复"如何确定客户名单构成商业秘密的标准"中认为客户名单构成商业秘密,应符合商业秘密构成的一般要件,应特别注意审查客户名单是否是特有的或者是否具有特殊性、客户名单是否由权利人通过劳动、金钱等投入获得。

**问** 员工离职带走客户是否属于侵犯商业秘密行为？

**答** 根据《最高人民法院关于审理侵犯商业秘密民事案件适用法律若干问题的规定》第2条第2款的规定,"客户基于对员工个人的信赖而与该员工所在单位进行市场交易,该员工离职后,能够证明客户自愿选择与该员工或者该员工所在的新单位进行交易的,人民法院应当认定该员工没有采用不正当手段获取权利人的商业秘密"。也就是说,员工离职且原企业客户同时流失,若流失的原因是客户自己选择的结果,而非员工或者新单位采取不正当竞争的方式,那么这种情形不构成侵犯商业秘密。但如果涉及的客户信息是不为公众所知悉的特殊客户信息,且员工负有保密的义务,那么也有可能构成侵犯商业秘密。"特殊客户信息"是指法律意义上的客户名单,其存在两个必要条件:一是秘密信息已采取保密措施,因未进入公知领域而能实际控制,具有独占的可能;二是信息的持有者为获取该信息付出了必要的社会劳动,具有独占的法律依据,应当受到法律的保护。例如,在某个商业秘密案件的判决书中,法官认为:"原告通过付出劳动、金钱等相当的人力、物力努力,使这些客户从一般的不特定的客户之中分离出来,成为经营者的特殊客户群体,原告也通过保密协议对这些客户群采取了合理的保密措施,该客户名单构成经营秘密。"判断客户是否是自愿选择员工新单位进行交易,主要通过判断员工有没有对客户进行引诱行为或主动招揽行为。实践中,常见的员工引诱行为有员工谎称新公司属于原公司的分公司或子公司、谎称原企业产品没有竞争力、新公司产品的价格更低等。

**问 在商业秘密诉讼中,企业是不是要把所有机密文件都提交给法院?**

**答** 由于商业秘密案件一般都很复杂,因此企业需要委托专业的律师来对证据的提交给出指导意见。商业秘密不同于专利、商标类知识产权有明确的权利外观。因此,当权利人因商业秘密被他人侵犯诉至法院,通常需要先围绕这项技术或涉密信息提交证据,证明企业拥有相应的商业秘密权利。这些证据通常包括生产工艺、生产流程、操作规程图纸等。如果是合作研发的项目如需要大专院校的技术支持的,那么相应的技术开发合同、项目验收和支付凭证也可以作为证据提交;如果技术涉及安全监测、环境保护的,企业也可以提交向行政机关备案的材料。这些证据均需根据案件实际情况和需求有选择地提交,企业无须把所有机密文件全部提交给法院。由于权利人围绕商业秘密构成要件所提交的证据材料必须在法庭上出示,交由被告质证,因此针对企业提交的涉及商业秘密的证据,为了防止这些信息在诉讼过程中被二次泄密,根据规定,在商业秘密的案件中诉讼参与人在接触涉密证据前,法官可要求其签订保密协议、作出保密承诺,或者以裁定等法律文书责令其不得出于本案诉讼之外的任何目的披露、使用、允许他人使用在诉讼程序中接触到的秘密信息。

**问 侵犯商业秘密会不会被判刑?**

**答** 《刑法》第 219 条规定了侵犯商业秘密罪。那么怎样才构成侵犯商业秘密罪呢?最高人民检察院、公安部在 2020 年 9 月 17 日发布《关于修改侵犯商业秘密刑事案件立案追诉标准的决定》中,将侵犯商业秘密罪的刑事立案标准由 50 万元改为 30 万元,即侵权人给商业秘密权利人造成损失数额在 30 万元以上,或者因侵犯商业秘密违法所得数额在 30

万元以上就达到刑事立案的标准,如果直接导致商业秘密的权利人因重大经营困难而破产、倒闭的,也可以依侵犯商业秘密罪来立案。

> **典型案例分析**
>
> 以案说法为纠纷处理提供具体的参考
>
> 案件名称:番高公司与格霖公司、彭某泉、冯某仪侵害商业秘密纠纷
>
> 审理法院:广州市南沙区人民法院
>
> 案例来源:广东省高级人民法院微信公众号

**基本案情** 番高公司是一家生产销售进出口充气橡胶制品、体育器材的企业,彭某泉、冯某仪夫妻均是该公司原员工,任职期间均签署了保密协议。2020年6月11日,离职后彭某泉成立格霖公司。2020年10月29日,冯某仪在番高公司敏捷数据安全系统中,将两份各有1000余名客户详细信息的"密文"表格文件重命名后解密并带走。冯某仪于次日从番高公司离职,第三天入职其丈夫设立的公司。2021年6月17日,南沙区综合执法局从格霖公司电脑拷贝、提取资料并委托鉴定,并对彭某泉、冯某仪进行询问。鉴定显示,电脑中272个邮箱、2148封邮件与前述两份表格信息匹配。冯某仪称该电脑为其在番高公司工作时使用,未清理

即交格霖公司使用。彭某泉承认向表格中 3 家公司销售冲浪板等产品，交易额约为 3 万美元。番高公司遂诉至法院，请求三被告停止侵权并赔偿经济损失 50 万元及合理维权费用。

**法院观点** 番高公司请求保护的两份表格包含客户名称、联系方式、历史交易等信息，不易为所属领域知悉获得；番高公司提交的相关交易订单、邮件证明表格信息具有商业价值；番高公司通过数据安全系统制作管理表格，并与员工签订保密协议，已采取合理保密措施。涉案客户信息符合商业秘密构成要件。冯某仪以不正当手段获取番高公司商业秘密，离职后继续以番高公司任职时的邮箱与客户联系，并将包含客户信息的电脑供格霖公司、彭某泉使用，构成以不正当手段获取并披露、使用、允许他人使用商业秘密。彭某泉在番高公司任职时有机会接触涉案客户信息，将冯某仪未作保密删除的电脑在格霖公司使用并与客户交易，构成违反保密义务披露、允许他人使用商业秘密。格霖公司经营范围与番高公司重合，且应知晓彭某泉、冯某仪的任职保密情况仍使用涉案客户信息，构成明知而使用他人商业秘密。

**裁判结果** 一审法院判决格霖公司、彭某泉、冯某仪立即停止侵权行为，并赔偿经济损失及合理费用 30 万元。

**律师分析** 本案为人民法院依法保护权利人客户信息的典型案例。涉案客户信息涉及数十个国家、上千名客户的信息,是权利人长期经营过程中付出智力劳动和经营成本积累的重要商业资源。本案从非公知性、价值性、保密性三个维度论述了客户信息构成商业秘密的要件,并通过全面调取勘验证据对三被告侵犯商业秘密的行为作出否定性评价,构成要件完备、举证清晰、认定严密,对规范进出口贸易行为,维护公平竞争秩序具有重要意义。

# Part Six

## 第六编 知识产权

# 6

## 026

# 聊聊身边的不正当竞争行为

FM99.6 厦门综合广播《新闻招手停》第 44 期

主持人：海蕾

主讲人：苏礼墩律师、罗淞律师

### 热点问题发现

1. 什么是不正当竞争？
2. 不正当竞争的表现形式有哪些？
3. 不正当竞争的法律后果？

## 常见问题解答 🔊

**问** 什么是不正当竞争？

**答** 最早使用不正当竞争概念的是1883年《保护工业产权巴黎公约》，该公约第10条规定："在工业或商业中任何违反诚实习惯的竞争行为都是不正当的竞争行为。"不言而喻，《反不正当竞争法》是以不正当竞争行为作为规范对象的，我国《反不正当竞争法》第2条第2款对"不正当竞争行为"进行了定义，即不正当竞争行为，是指经营者在生产经营活动中，违反本法规定，扰乱市场竞争秩序，损害其他经营者或者消费者的合法权益的行为。可见，不正当竞争行为是经营者在市场经济活动中，以竞争为目的，违背诚实信用原则和商业道德，损害或足以损害国家、其他经营者和消费者合法权益，扰乱市场竞争秩序的行为。

**问** 不正当竞争的表现形式有哪些？

**答** 《反不正当竞争法》第二章列举了七种典型的不正当竞争行为，分别是混淆行为、商业贿赂、虚假宣传、侵犯商业秘密、有奖销售、诋毁商誉以及互联网不正当竞争。例如，混淆行为是《反不正当竞争法》规制的七种不正当竞争行为中最典型、最多发的行为之一。就是我们俗称的"傍名牌"，即通过仿冒他人商品标识、企业主体标识、生产经营活动标识等，引人将自己的商品误认为是他人商品或者与他人存在特定联系，以借用他人或者他人商品的影响力、美誉度，提高自己以及自己商品的市场竞争力。

**问 实施了不正当竞争行为会有哪些法律后果？**

**答** 民事方面,实施不正当竞争行为给他人造成损害的,应当依法承担民事责任,如停止侵害、消除影响、赔偿损失等;行政方面,根据具体的违法行为,由监督检查部门责令停止违法行为、消除影响、没收违法商品、罚款,情节严重的,吊销营业执照;刑事方面,根据具体的违法行为,可能会构成虚假广告罪、生产销售伪劣产品罪、生产销售假药、劣药罪、诈骗罪、侵犯商业秘密罪等罪名。

**问 遇到不正当竞争行为,消费者、经营者如何维权？**

**答** 在遇到不正当竞争行为时,消费者和经营者可以通过行政查处、民事诉讼甚至刑事报案进行维权。《反不正当竞争法》第5条第1款规定,国家鼓励、支持和保护一切组织和个人对不正当竞争行为进行社会监督。第16条第1款规定,对涉嫌不正当竞争行为,任何单位和个人有权向监督检查部门举报,监督检查部门接到举报后应当依法及时处理。不正当竞争行为的主要目的都与市场经营相关,并且直接影响经营者之间的公平竞争关系以及消费者的知情权等合法权益。因此,负责工商行政管理、监管市场经营行为、规范和维护市场秩序、营造诚实守信和公平竞争市场环境的市场监督管理局就要义不容辞地挑起不正当竞争行为监管的大梁了。当然,在进行行政查处后,经营者的合法权益受到不正当竞争行为损害的,依旧可以向人民法院提起诉讼。

**问** 有些商品名称、装潢就是商标,为什么不用《商标法》来保护?

**答** 我国实行商标专用权注册制度,只有注册商标才享有商标专用权。同时,我国又实行商标自愿注册原则,允许未注册商标合法存在,但在保护程度上要低于注册商标。因此,对于注册商标来说,当然可以用《商标法》来保护。但是,对于那些知名度达不到"驰名"程度的未注册商标,禁止抢注的任务由《商标法》来完成,禁止使用的任务则只能由《反不正当竞争法》来承担。

**问** 在电脑中安装了某程序,如果安装了该程序后,电脑上就不能运行该程序的竞品,这样做违法吗?

**答** 该种行为是违法的。《反不正当竞争法》第12条第2款规定,经营者不得利用技术手段,通过影响用户选择或者其他方式,实施妨碍、破坏其他经营者合法提供的网络产品或者服务正常运行的行为。如果利用技术手段,限制了用户的选择,妨碍其他产品的正常经营和竞争,属于《反不正当竞争法》所规定的互联网不正当竞争行为。《反不正当竞争法》所作的该规定是《反不正当竞争法》为了适应网络发展的大环境,紧跟时代浪潮所作出的重要完善。

## 典型案例分析

以案说法为纠纷处理提供具体的参考

案件名称：上海汉涛信息咨询有限公司与四川金口碑网络科技有限公司不正当竞争纠纷

案号：(2021)川01民初913号

审理法院：四川省成都市中级人民法院

案例来源：最高人民法院反不正当竞争十大典型案例

**基本案情** "大众点评"由汉涛公司运营,其运营方式:软件展示合作商户的店铺地址、电话、商品及服务等信息,消费者在店铺进行消费后可在该软件上对相应店铺进行打分与文字点评,打分与文字点评均显示在该店铺主页内并对所有软件用户可见。金口碑公司在其运营的"捧场客"软件中,消费者可提前在"捧场客"软件预约与金口碑公司合作商户对应的"捧场红包",消费者在对应商户进行消费并在网站上对该商户进行点评后,经审核可以兑换并提现之前预约的"捧场红包"。汉涛公司认为,金口碑公司利用发放红包的方式诱使消费者对特定商家进行点赞、打分、点评、收藏等行为,导致商户评价与消费者实际评价不符,造成虚假的宣传效果,违背了诚实信用原则,损害了汉涛公司商誉及其他商家权益,构成不正当竞争,遂诉至法院,要求金口碑公司停止不正当竞争行为、消除影响,并赔偿汉涛公司经济损失100万元及合理开支51,500元。

**法院观点** 四川省成都市中级人民法院经审理认为,汉涛公司所运营的"大众点评"软件吸引消费者及商户下载并使用的核心竞争力在于,通过提供真实有效的店铺数据帮助消费者选择交易对象,同时为平台内各商户提供正常有序的竞争环境。金口碑公司以营利为目的,通过"捧场红包"的方式诱导消费者对其合作商户在"大众点评"平台进行点赞、打分、评论、收藏等行为,造成了平台内所展示的商户数据失真,影响该平台的信用体系,同时也扰乱了平台内商户的竞争体系,构成不正当竞争。遂判令金口碑公司停止不正当竞争行为并赔偿汉涛公司经济损失50万元及合理开支。一审宣判后,各方当事人均未上诉。

**裁判结果** (1)金口碑公司停止不正当竞争行为;(2)金口碑公司登报消除影响;(3)金口碑公司赔偿汉涛公司经济损失500,000元及合理开支25,750元。

**典型意义** 本案中,"大众点评"是有一定影响力的评价体系,金口碑公司采用组织"刷单炒信"方式进行交易,帮助其他经营者进行虚假商业宣传,造成了"大众点评"平台内所展示的商户数据失真,影响该平台的信用体系,对汉涛公司商业模式的正常发展产生不利影响,构成不正当竞争。本案是打击互联网环境下虚假宣传行为的典型案例,对于规范公平竞争的网络经济秩序,引导网络生态健康发展具有积极意义。判决积极回应实践需求,通过制止利用"刷单炒信"行为帮助其他经营者进行虚假宣传等不正当竞争行为,保护经营者和消费者的合法权益,有力维护和促进网络生态健康发展,有助于形成崇尚、保护和促进公平竞争的市场环境。

**律师分析** 近年来,流量"变现"带来巨大的经济效益,不仅带动了网络经济的蓬勃发展,也导致通过"作弊"方式刷流量、刷评价的"刷单炒信"行为不断翻新花样。"刷单炒信"不仅损害公平竞争的市场秩序,而且误导、欺骗消费者,损害广大消费者的合法权益。本案中,金口碑公司通过向消费者发放红包的方式,诱导消费者对其合作商户在"大众点评"平台进行点赞、打分、评论、收藏等行为,目的均是通过虚构评论的方式进行虚假宣传,以提升其合作商户的商誉及评价,所导致的后果是商户评价与消费者实际体验不符,违背了诚实信用原则。一方面,从不正当竞争行为人的角度分析,不正当竞争行为人通过对商品或者服务的虚假宣传,获取市场竞争优势和市场竞争机会,损害了其他合法经营者的合法权益;另一方面,从消费者角度分析,正是由于不正当竞争行为人对商品或者服务的虚假宣传,容易导致消费者发生误认误购,损害了消费者的合法权益。《反不正当竞争法》通过制止对商品或者服务的虚假宣传行为,净化网络营商环境,维护市场的公平竞争秩序。

# 027

# 注册商标那些事儿

🎙 FM99.6厦门综合广播《新闻招手停》第65期

主持人：海蕾

主讲人：林培勋律师、陈力律师

## 热点问题发现

1. 注册商标有哪些类型？
2. 商标不予注册的绝对理由是什么？
3. 商标不予注册的相对理由是什么？
4. 商标注册的流程如何？

## 常见问题解答 🔊

**问** 我国注册商标的类型有哪些？

**答**《商标法》第 3 条第 1 款规定，我国的注册商标包括商品商标、服务商标、集体商标、证明商标。商品商标用于识别商品的提供者，如可口可乐、百事可乐用于识别可乐的制造商。服务商标用于识别服务提供者，如各类快递公司的商标就是用于识别快递服务的提供方。集体商标是指以团体、协会或者其他组织名义注册，供该组织成员在商事活动中使用，以表明使用者在该组织中的成员资格的标志。证明商标是指由对某种商品或者服务具有监督能力的组织所控制，而由该组织以外的单位或者个人使用于其商品或者服务，用以证明该商品或者服务的原产地、原料、制造方法、质量或者其他特定品质的标志。

**问** 我国注册商标有哪些表现形式？

**答**《商标法》第 8 条规定了注册商标的不同表现形式，任何能够将自然人、法人或者其他组织的商品与他人的商品区别开的标志，包括文字、图形、字母、数字、三维标志、颜色组合和声音等，以及上述要素的组合，均可以作为商标申请注册。可见注册商标的表现形式非常丰富，甚至三维标志、颜色组合和声音，在具备显著性并且不与他人在先取得的合法权利相冲突的条件下，都可以注册商标。例如，我们都很熟悉的 2022 年冬奥会期间火出圈的冰墩墩形象，其实早在 2019 年北京奥组委便申请注册了冰墩墩造型的三维商标。还有知名的"711便利店",它所采用的"红、绿、橙"三色颜色组合就在43类(提供食品、饮料服务)上成功注册。在声音商标的案例中,"中国国际广播电台广播节目开始曲"就是我国首例核准注册的声音商标。

**问** 哪些情形商标注册申请将被驳回?

**答** 虽然注册商标的形式多样,但是我国《商标法》仍然规定了禁区,也就是商标不予注册的绝对理由,这主要是指商标注册违反法律规定、损害公共利益的情况。《商标法》第10条采用列举的方式规定了一些不得使用、注册的商标。例如,同中华人民共和国的国家名称、国旗、国徽、国歌、军旗、军徽、军歌、勋章等相同或者近似的,以及同中央国家机关的名称、标志,所在地特定地点的名称或者标志性建筑物的名称、图形相同的,不得注册为商标。这不仅有损国家尊严,而且容易误导消费者认为出售的商品具有官方背书。此外,像外国国家名称、外国国旗国徽、红十字、红新月等标志也不得注册为商标,带有民族歧视、欺骗公众有损道德风尚的标志也不得注册使用。以上这些不得注册的理由大致可以概括为商标内容违法。

**问** 除商标内容违法之外,还有哪些情形将影响商标注册?

**答** 如果一个标志不具备显著性,自然无法获得注册,除非通过不断使用,取得显著特征并且便于识别,那么可以作为商标注册。这应该说是商标最底层的逻辑。在判断显著性时,按照显著性程度由低到高将标志分为五类,分别是通用标志、描述性标志、暗示性标志、臆造性标志。其中,通用标志、描述性标志通常被认为不具有显著性,不予注册。通用标志是指商品的通用名称、图形或者型号。《最高人民法院关于审理商标授权确权行政案件若干问题的规定》第10条对通用名称作了解释:(1)依据法律规定或者国家标准、行业标准属于商品通用名称的,应当认定为通用名称;(2)相关公众普遍认为某一名称能够指代一类商品的,应当认定为约定俗成的通用名称;(3)被专业工具书、辞典等列为商品名称的,可以作为认定约定俗成的通用名称的参考。描述性标志是指主要描述、说明所使用商品的质量、主要原料、功能、用途、重量、数量、产地等的标志。因为这类文字或标志与商品或服务的关联过于紧密,消费者最初难以通过它分辨商品或服务来源,因此通常也被认为不具备显著性。暗示性标志是指对产品的特征不直接加以描述,而是通过某种形式暗示,需要由消费者根据暗示发挥想象力才能理解其中的含义。任意性标志是指使用一些现有词汇,但这些现有词汇与使用它们的商品或者服务之间没有任何关系,最典型的例子就是"苹果"标志用于电脑、手机、平板电脑等电子产品,消费者很容易就识别出"苹果"的商品来源。臆造性标志的显著性最高,它们完全是由经营者创造出来的,不属于现有词汇。后三类商标显著性逐渐上升,一般予以注册。

## 守护生活的民法典（二）

**问** 一些商家为了蹭热度，以名人姓名作为商标进行注册，这种行为合法吗？

**答** 这样的案例的确并不少见。例如，2022年年初冬奥会期间大火的运动员谷爱凌就面临姓名被抢注成商标的窘境。其实早在2019年6月7日，谷爱凌通过新浪微博宣布自己正式转为中国国籍，并宣称3年后代表中国出战冬奥会时，便陆续有人大量申请注册谷爱凌商标。

《商标法》第4条第1款规定，不以使用为目的的恶意商标注册申请，应当予以驳回。国家知识产权局发布的最新《商标审查审理指南》指出，申请注册与知名人物姓名、知名作品或者角色名称、他人知名并已产生识别性的美术作品等公共文化资源相同或者近似标志的，除非申请人能提出相反证据，否则推定属于不以使用为目的的恶意商标注册行为。因此，对于在冬奥会以后申请注册的谷爱凌商标，商标局大概率会直接依据上述规定驳回申请人的申请。至于谷爱凌成名之前已经部分获准的商标，商标局也可以依据《商标法》第44条主动宣告注册商标无效，谷爱凌个人也可以请求商标评审委员会宣告该注册商标无效。《商标法》第32条规定，申请商标注册不得损害他人现有的在先权利，也不得以不正当手段抢先注册他人已经使用并有一定影响的商标。这一条在名人姓名商标注册问题上也起到一定的兜底作用，在公共救济不到位时，给予私人救济的空间。

**问 商标注册的大致流程如何,需要多长时间?**

**答** 商标注册流程分为商标注册申请、商标局形式审查、实质审查、初步审定公告、异议和复审(如有)、核准注册。若商标注册申请人是我国公民或企业,其可以选择直接申请,也可以选择委托代理机构进行申请。如果是外国人或者外国企业在我国申请商标注册,则必须委托依法设立的商标代理机构。商标申请人向商标局递交申请书,商标局根据收到文件的日期确定申请日。形式审查是对申请文件是否齐全等形式要件进行审核,未发现问题的会下发受理通知书,同时进入实质审查阶段,实质审查主要审核是否存在绝对不予注册的理由,以及审核是否与他人在相同或者类似商品服务上已注册或者初步审定的商标相同或者类似的情况。形式审查与实质审查合并为初审,最长时限是自收到申请文件之日起9个月完成。经过实质审查后,商标局会进行初步审定公告。在初审公告3个月内如果没有人提出异议,那么商标就可以核准注册。如果有人提出异议,则在公告期3个月后商标局还有12个月的审查期限,特殊情况经过批准可以再延长6个月决定是否予以注册。因此,商标局从收到注册申请书到商标核准注册最长可能需要30个月的时间。

守护生活的民法典（二）

> **典型案例分析**
>
> 以案说法为纠纷处理提供具体的参考
>
> 案件名称：青花椒商标侵权案
>
> 案号：(2021)川知民终2152号
>
> 审理法院：四川省高级人民法院
>
> 案例来源：中国裁判文书网

**基本案情** 原告万翠堂公司拥有17320763号横排列"青花椒"字样注册商标，有效期至2026年9月6日，该商标核定服务项目为第43类（包括饭店、餐厅等）。原告认为被告温江五阿婆青花椒鱼火锅店在店铺招牌上突出使用了"青花椒"标识，属于商标性使用，容易使公众产生误认混淆，侵害了原告的注册商标专用权。

**法院观点** 一审法院认为，被告火锅店未能举证证明"青花椒"是饭店的通用名称，被告火锅店的招牌使用"青花椒"字样构成商标性使用。同时对比被诉标识与原告注册商标在读音和字形上相似容易使相关公众产生误认，所以认定被告侵犯原告商标专用权。

二审法院认为，商标显著性与商标识别功能呈现正相关关系。本案"青花椒"作为川菜不可或缺的元素，显著性相对较弱，相关公众混淆可能性较低。被告将其用在"鱼火锅"前,是对提供特色菜品鱼火锅中含有青花椒调料的客观描述,并非商标性使用,不会导致公众混淆误认商品、服务来源,不构成侵权。

**裁判结果** 驳回原告万翠堂公司的全部诉讼请求。

**律师分析** 青花椒作为一种植物及调味品名称,如果将青花椒字样申请调味品类别注册商标,则属于通用标识,不具备显著性,一般无法注册。将青花椒字样用于"饭店、餐厅等"类别,不认为属于通用名称或者描述性标志,可以申请注册。但"青花椒"在川菜中通常作为一种必备调料,是对菜名、口味的一种描述。因此本案被告将其运用在主营川菜的饭店时,其商标显著性便大大削弱,难以使一般公众产生商标混淆、误认的效果,也就是二审法院所谓非商标性使用。二审法院平衡了商标专用权依法保护与其他经营者对特定词汇正当性使用之间的关系,在准确适用《商标法》的同时,尊重了人民群众的常识常理,同时该案也为企业进行商标申请规划提供借鉴与思考。

## 028

# 商业经营中的商标侵权及保护

FM99.6 厦门综合广播《新闻招手停》第 48 期

主持人：海蕾

主讲人：苏礼墩律师、林鹏垚律师

**热点问题发现**

1. 什么是商标侵权？
2. 如何保护自身商标权？
3. 侵犯商标权会不会被判刑？

**常见问题解答**

**问** 什么行为属于法律中规定的商标侵权？

**答** 我国《商标法》规定，商标侵权行为主要有以下几种：未经商标注册人的许可，在同一种商品上使用与其注册商标相同的商标的；在同一种商品上使用与其注册商标近似的商标；在类似商品上使用与其注册商标相同或者近似的商标，容易导致混淆的。

**问** 商标侵权的高发领域主要集中在哪些领域？

**答** 按照地区划分，广东、浙江、上海、江苏、山东、福建六个省(市)集中全国一半以上的商标侵权案件；按照行业划分，租赁和商务服务业、制造业、批发零售业、科学研究和技术服务业占据了一半以上的商标侵权案件。结合我们的实务经验来看，在上述地域内，经营快消品、具有一定品牌知名度、借助网络为重要销售平台的企业或是个人最容易受到商标侵权损害。

**问** 如何有效维护自身商标权益？

**答** 如果想切实维护好自身的商标权益，第一，要做的就是提高自身商标保护的意识。即从商标注册开始，就依法、合理选择合适于自身的品类。我国商标注册严格遵循基于尼斯分类的类似商标和服务分类的规则进行注册。每一种商标，都有专门对应的商标分类及商品/服务项目。如果在注册过程中，仅仅为了所谓通过率而并不注重具体的商品/服项目,那么在实践中,则经常会被商标侵权者绕过,最终被法院认定不侵权。甚至在极端情况下,自身还可能被认定为侵权方。第二,商标权保护是系统化工作,现实中绝大部分单一商标,是无法满足商标持有人的商标保护需求的。因此,商标持有人不仅应当满足于本品类的商标注册需求,应多类别注册,才能更有效进行保护。

**问 商标被抢注该怎么办?**

**答** 如果被抢注的商标是在申请阶段,或是在初审公告阶段,就可以通过向国家知识产权局提起异议的形式,来维护自身的权益。商标注册有两个公告时间,一个是初审公告,另一个是注册公告。第一个公告时间,是国家知识产权局依据自身所掌握的数据,对于申请的商标做近似性排查,如果并未在其数据库中找到相近似的商标,就会对申请的商标给予初审公告,时间为3个月,如果相关权利人有异议,可以在此期间提出。如果在这期间,没有人对这件商标有其他的权利主张,国家知识产权局就会给予正式公告,也就是注册公告,相当于这件商标有了正式的出生证明了。所以初审公告时期,是对抢注商标进行打击的黄金时期。但是商标持有人如果错过了这个时间窗口,但是尚在该件商标注册5年内,就只能通过商标无效宣告申请,来进行处理。

**问 商标被侵权之后,该如何处理?**

**答** 发现商标侵权时,最重要的就是两件事情,第一,及时保存对方商标侵权的证据。商标侵权的证据往往非常容易灭失,正常的做法是在确定商标侵权行为之后立即联系当地的公证机构,对商标侵权行为进行公证保全。第二,尽力获得对方的主体资格信息。如果侵权方是个人应获得对方的身份信息,如果是企业应获得对方的企业信息。

**问 商标抢注人是否能起诉原有商标使用人商标侵权?**

**答** 这种可能性是存在的。依据《商标法》第 59 条第 3 款的规定,商标注册人申请商标注册前,他人已经在同一种商品或者类似商品上先于商标注册人使用与注册商标相同或者近似并有一定影响的商标的,注册商标专用权人无权禁止该使用人在原使用范围内继续使用该商标,但可以要求其附加适当区别标识。在实践过程中,因企业初创、管理不完善,或是部分机构及个人囤积出售商标,从而导致被抢注人在事实上是无法证明抢注者的抢注行为是具有恶意的。因此,在这种情况下,如果原有商标权益人被起诉,超出注册时间点之后的业务行为,仍然可能会被法院认定为商标侵权。

**问 商标侵权的索赔金额是多少?**

**答** 根据《商标法》的规定,商标侵权的赔偿金额有以下几个标准:第一,侵犯商标专用权的赔偿金额,即根据侵权人所遭受的实际损失确定。实际损失难以确定的,可以根据侵权人获得的利益来确定。权利人的损失或者侵权人取得的利益难以确定的,参照商标许可费的倍数合理确定。

第二,恶意侵犯商标专用权情节严重的,赔偿金额可以按照上述方法确定的1倍以上5倍以下。赔偿金额应当包括权利人为制止侵权而支付的合理费用。

**问** 侵犯商标权是否会涉及刑事程序?

**答** 达到一定数额或者情节,是构成刑事犯罪的。根据《刑法》第213条、第214条、第215条的规定,对于未经注册商标所有人许可,在同一种商品、服务上使用与其注册商标相同的商标;销售明知是假冒注册商标的商品;伪造、擅自制造他人注册商标标识或者销售伪造、擅自制造的注册商标标识的三种情况,明确是可以入刑的。

### 典型案例分析

以案说法为纠纷处理提供具体的参考

案件名称:王某永与深圳歌力思服饰股份有限公司、杭州银泰世纪百货有限公司侵害商标权纠纷

案号:(2014)民提字第24号

审理法院:最高人民法院

案例来源:最高人民法院指导案例82号

**基本案情** 深圳歌力思服装实业有限公司成立于1999年6月8日。

2008年12月18日,该公司通过受让方式取得第1348583号"歌力思"商标,该商标核定使用于第25类的服装等商品,核准注册于1999年12月。深圳歌力思服装实业有限公司还是第4225104号"ELLASSAY"的商标注册人,该商标核定使用商品为第18类。2011年11月4日,深圳歌力思服装实业有限公司更名为深圳歌力思服饰股份有限公司(以下简称歌力思公司)。一审原告王某永于2011年6月申请注册了第7925873号"歌力思"商标。自2011年9月起,王某永先后在杭州、南京、上海、福州等地的"ELLASSAY"专柜,通过公证程序购买了带有"品牌中文名歌力思,品牌英文名:ELLASSAY"字样吊牌的皮包。2012年3月7日,王某永以歌力思公司及杭州银泰世纪百货有限公司生产、销售上述皮包的行为构成对王某永拥有的"歌力思"商标、"歌力思及图"商标权的侵害为由,提起诉讼。

**法院观点** 当事人违反诚实信用原则,损害他人合法权益,扰乱市场正当竞争秩序,恶意取得、行使商标权并主张他人侵权的,人民法院应当以构成权利滥用为由,判决对其诉讼请求不予支持。

**裁判结果** 驳回王某永的全部诉讼请求。

**律师分析** 诚实信用原则是一切市场活动参与者所应遵循的基本准则,民事诉讼活动同样应当遵循诚实信用原则。"歌力思"商标由中文文字

"歌力思"构成,与歌力思公司在先使用的企业字号及在先注册的"歌力思"商标的文字构成完全相同。"歌力思"本身为无固有含义的臆造词,具有较强的固有显著性,依常理判断,在完全没有接触或知悉的情况下,因巧合而出现雷同注册的可能性较低。作为地域接近、经营范围关联程度较高的商品经营者,王某永对"歌力思"字号及商标完全不了解的可能性较低。在上述情形下,王某永仍在手提包、钱包等商品上申请注册"歌力思"商标,故其行为难谓正当。王某永以非善意取得的商标权对歌力思公司的正当使用行为提起的侵权之诉,构成权利滥用。

## 029

## "专利"是一种什么样的"专有权利"?

🎙 FM99.6 厦门综合广播《新闻招手停》第 47 期

主持人：*海蕾*
主讲人：*苏礼墩律师、王琼律师*

### 热点问题发现

1. 一件专利要获得授权应当满足哪些条件？
2. 如果公众购买专利产品之后再转售给他人，会不会构成侵犯专利权？
3. 专利侵权和假冒专利有什么区别？
4. 发表论文是否会影响专利的申请？

## 常见问题解答

**问** 一件专利要获得授权应当满足哪些条件？

**答** 一件专利要获得授权必须同时符合法定的形式要件和实质要件。其中，形式要件是指申请要符合《专利法》规定的程序和文书要求，如递交符合格式要求的申请书、缴纳申请费等。而实质条件是对发明创造本身的要求。对于不同的客体，《专利法》规定了不同的实质条件，发明和实用新型应当具备新颖性、创造性和实用性。但《专利法》对发明和实用新型的创造性要求又有所不同。外观设计不但要符合新颖性，还要具备区别于在先设计的特征，而且不能与在先权利相冲突。新颖性的"新"是相对于发明创造在申请专利之前的现有技术而言的。如果一项发明创造与专利申请日之前的现有技术相同，则该发明创造就没有新颖性。《专利法》上的"现有技术"是指在专利申请日之前在国内外为公众所知的技术。需要注意的是，专利申请日之前已经存在的技术并非都是"现有技术"，那些处于保密状态的技术由于不能为公众所获知，不构成"现有技术"。能够获得专利权的技术除了要"新"，还必须凝集较多的创造性劳动，不能是为本领域的技术人员所显而易见的。如果将新颖性的要求简单地概括为"新"，则创造性的要求可以被归结为"难"。换言之，只有那些本领域普通技术人员不容易想到的发明创造才能获得专利权。

**问 如果公众购买专利产品之后再转售给他人,会不会构成侵犯专利权?**

**答** 如果专利产品本身就是经过专利权人许可或通过其他合法途径而在市场上流通的,则专利权人一般已经从许可制造和销售专利产品中获得了报酬。《专利法》第75条第1项规定,专利产品或者依照专利方法直接获得的产品,由专利权人或者经其许可的单位、个人售出后,使用、许诺销售、销售、进口该产品的,不视为侵犯专利权。因此,专利权人自行制造并售出一批专利产品后,他人购买之后用于生产经营或者进行转售都无须再经过专利权人的许可,也不会构成对专利权人的使用权、销售权或许诺销售权的侵犯。

**问 专利侵权和假冒专利有什么区别?**

**答**《专利法》中的专利侵权仅指直接侵权,即未经许可也缺乏法定免责事由,而以生产经营为目的实施侵犯专利权的行为。假冒专利则包括两种情形:第一种情形是未经许可使用他人真实、有效的专利号、证书或文件,使人误认为使用者是该专利的专利权人。具体又包括以下三种表现形式:第一,未经许可在产品或者产品包装上标注他人的专利号,以及销售该产品的行为;第二,在广告或者其他宣传材料中,未经许可使用他人的专利号,使公众将所涉及的技术或者设计误认为是宣传方的专利技术;第三,伪造或者变造他人的专利证书或专利文件。第二种情形是捏造出一个根本不存在或不再受保护的专利,然后声称自己的产品或方法是专利产品或专利方法。

侵犯专利权的侵权人应当承担民事法律责任,包括停止侵权和赔偿损失。假冒专利除承担民事法律责任外,还应承担行政法律责任甚至刑事法律责任。《专利法》第68条规定了假冒专利的行政责任:由负责专利执法的部门责令改正并予以公告,没收违法所得,可以处违法所得5倍以下的罚款;没有违法所得或者违法所得在5万元以下的,可以处25万元以下的罚款;构成犯罪的,依法追究刑事责任。《专利法》第68条同时规定:假冒专利构成犯罪的,依法追究刑事责任。针对假冒他人专利,情节严重的,处3年下有期徒刑或者拘役,并处或者单处罚金。同时,由于专利证书和专利文件是国家专利行政主管机关颁发的正式文件,伪造或者变造他人的专利证书、专利文件的行为还可能构成《刑法》第280条规定的"伪造、变造买卖国家机关公文、证件、印章罪"。

**问 发表论文是否会影响专利的申请?**

**答** 保密是申请专利的前提条件,如果一项发明创造的实质内容已公之于众,就有可能因丧失新颖性而失去获得专利的资格。不少技术人员一有发明创造,首先想到的是发表文章、成果鉴定、申报评奖。误以为谁先发表文章,谁先通过成果鉴定,谁先获得成果奖励,该发明创造的所有权就归谁享有,殊不知却适得其反。一旦文章发表或通过其他方式将技术内容公之于众,该项技术就成为公共财产,任何掌握该技术者都可以无偿地使用。因此,如果想维护自己的发明创造的经济利益,切勿忽视技术保密工作。保密是谋求专利法律直接保护的前提、是知识的价值能否得以实现的关键。

## 典型案例分析

**以案说法为纠纷处理提供具体的参考**

案件名称：联悦公司与博生公司、天猫公司等侵害实用新型专利权纠纷行为保全案

案号：(2020)最高法知民终993号

审理法院：最高人民法院

案例来源：法信

**基本案情** 博生公司为名称为"具有新型桶体结构的平板拖把清洁工具"的实用新型专利权人，其认为联悦公司在"天猫网"上销售的拖把神器构成对其专利权的侵害，故向法院提起诉讼。

**法院观点** 在涉电子商务平台知识产权侵权纠纷中，平台内经营者向人民法院申请行为保全，请求责令电子商务平台经营者恢复链接和服务等，人民法院应当予以审查，并综合考虑平台内经营者的请求是否具有事实基础和法律依据，如果不恢复是否会对平台内经营者造成难以弥补的损害，如果恢复对知识产权人可能造成的损害是否会超过维持有关措施对

平台内经营者造成的损害,如果恢复是否会损害社会公共利益,是否还存在不宜恢复的其他情形等因素,作出裁决。人民法院责令恢复的,电子商务平台经营者即应对原来采取的措施予以取消。

平台内经营者提出前款所称行为保全申请的,应当依法提供担保,人民法院可以责令平台经营者在终审判决作出之前,不得提取其通过电子商务平台销售被诉侵权产品的收款账户中一定数额款项作为担保。该数额可以是平台内经营者的侵权获利,即被诉侵权产品的单价、利润率、涉案专利对产品利润的贡献率以及电子商务平台取消有关措施后的被诉侵权产品销售数量之积。

**裁判结果** 一审法院认定侵权成立,并判令联悦公司等停止侵权、连带赔偿损失,天猫公司立即删除、断开被诉侵权产品的销售链接。随后,天猫公司删除了被诉侵权产品在"天猫网"上的销售链接。联悦公司等向最高人民法院提起上诉。二审中,涉案专利权被国家知识产权局宣告全部无效,专利权人博生公司表示将就此提起行政诉讼。2020年11月5日,联悦公司向最高人民法院提出行为保全申请,请求法院责令天猫公司立即恢复申请人在"天猫网"上的产品销售链接。最高人民法院知识产权法庭通过远程听证的方式当庭裁定:(1)天猫公司立即恢复联悦公司在"天猫网"购物平台上的被诉侵权产品销售链接;(2)冻结联悦公司名下的支付宝账户余额632万元,期限至该案判决生效之日;(3)自恢复被诉侵权产品销售链接之日起至该案判决生效之日,如联悦公司恢复链接后被诉侵权产品的销售总额的50%超过632万元,则应将超出部分的销售额的50%留存在其支付宝账户内,不得提取。裁定作出后通过电子方式送达并立即执行。

**律师分析** 该案合理考量和平衡了专利权人、平台内经营者和电商平台三方利益。裁定的作出使得被诉侵权的电商平台内经营者能够在"双十一"这一特定销售时机正常线上经营,避免其利益受到不可弥补的损害。同时,为保障权利人的利益,根据申请人恢复链接后的可得利益,采用了固定担保金加动态担保金的方式。裁定的作出免除了电商平台经营者恢复链接后担心未来被要求承担责任的顾虑,为其提供了处理类似纠纷的行为指引。本案对电子商务领域中通知删除规则的适用、涉电商领域知识产权侵权纠纷行为保全措施的适用、知识产权行为保全担保金额的确定等均具有一定的指导意义。

## 030

# 著作权侵权也许就在我们身边

🎤 FM99.6 厦门综合广播《新闻招手停》第 49 期

主持人：海蕾

主讲人：赖丽华律师、陈力律师

**热点问题发现**

1. 什么是著作权，与版权有何区别？
2. 著作权侵权与普通民事侵权的差异是什么？
3. 常见著作权侵权行为有哪些？

## 常见问题解答 🔊

**问** 什么是著作权,与版权有何区别?

**答** 广义的著作权是指民事主体依法对作品和相关客体所享有的专属权利,狭义的著作权仅指对作品享有的专属权利。我国著作权这一概念最早是清末修法时从日本引进的。著作权的原本意思是作者权,它是以德国、法国为代表的国家所使用的概念,被视作作者人格的延续,而非简单的财产性权利。版权是以英国、美国为代表的国家所使用的概念,更多地被视为作者的财产性权利,与作者人格关系不大。但随着各国法律制度间不断的借鉴与融合,如今二者概念差别已经很小,我国《著作权法》第62条更是规定"本法所称的著作权即版权"。因此,在现实生活中,两个概念是可以同等替换的。

**问** 著作权侵权有什么特点,与一般民事侵权行为是否不同?

**答** 虽然著作权侵权与一般民事侵权都有"侵权"二字,但它们之间的确存在较大差异。一般民事侵权中,除了法律特别规定以外,都要求侵权行为人对侵权损害结果的发生主观上具有过错,法律通常情况下不会要求一个不具有过错的人承担侵权责任,而著作权侵权则并不考虑侵权人主观上是否具有过错。我国《著作权法》第10条规定了发表权、署名权、复制权、表演权、信息网络传播权等17项专属权利。因此,在现实生活中,很多当事人被诉著作权侵权时,感到不解,认为自己并没有故意侵权,实际上是没有理解著作权侵权与一般民事侵权在认定上的不同。

**问 有哪些常见的著作权侵权行为?**

**答** 现实生活中其实存在很多"不经意侵犯著作权"的案例。以音乐作品为例,在歌舞厅、商场、超市、宾馆、酒店等播放背景音乐的行为,在没有取得音乐著作权人许可并支付报酬的情况下,由于这些场所都带有营利性质,因此侵犯音乐作品著作权人的表演权。我国《著作权法》规定了表演权是指公开表演作品,以及用各种手段公开播送作品的表演的权利。其中公开表演作品在音乐作品中对应的便是歌手现场演唱,而用各种手段公开播送则对应现场使用机械播放音乐作品。除此之外,现在短视频行业发展迅速,在短视频中未经授权未支付相应费用使用他人享有著作权的音乐作品作为背景音乐,同样也存在侵权风险。除了音乐侵权的案例,现实中图片侵权的案件也时常发生。这里所说的图片可以分为美术作品和摄影作品,图片著作权的权利人既有个人也有公司。最常见的就是涉诉企业随意从网上下载一些图片,然后直接将这些图片放到自己运营的微信公众号、微博或者自有网站中,这样的行为很可能侵犯他人所享有的著作权中的信息网络传播权。

**问 作为普通民众如何避免著作权侵权?**

**答** 《著作权法》规定了合理使用和法定许可制度对著作权加以限制。《著作权法》第 24 条规定了 13 项合理使用的情形,符合这些情况的可以不经著作权人许可，不向其支付报酬就适用该作品，但需要指明作者姓名或者名称、作品名称，并且不得影响该作品的正常使用，也不得不合理地损害著作权人的合法权益。其中与普通大众联系最为紧密的当属前两项，即"为个人学习、研究或者欣赏，使用他人已经发表的作品"和"为介绍、评论某一作品或者说明某一问题，在作品中适当引用他人已经发表的作品"。需要注意的是，这里的个人使用仅限于纯粹个人目的而进行的使用，如果使用具有直接的商业动机，则不能构成合理使用。例如，前面说到的播放音乐，普通人拿着手机外放音乐作品显然属于个人欣赏，不侵犯著作权；在朋友圈、微博等平台分享自己喜欢的音乐，也并不构成侵权；个人制作视频适当引用一些他人的音乐作品作为背景音乐通常也并不构成侵权，但是需要注意如果超过了一定限度则可能构成替代而非引用。

**问 除合理使用外，法律还有哪些著作权限制规定？**

**答** 除合理使用外，我国《著作权法》还规定了四种法定许可的情形，《信息网络传播权保护条例》也增加了一种法定许可。所谓法定许可，是指法律明确规定实施某种受著作权控制的行为无须经过著作权人许可但需要向著作权人支付报酬的制度。例如，我国《著作权法》第35条第2款规定"报刊转载法定许可"，即作品刊登后，除著作权人声明不得转载、摘编的外，其他报刊可以转载或者作为文摘、资料刊登，但应当按照规定向著作权人支付报酬。第42条第2款规定"制作录音制品法定许可",即录音制作者使用他人已经合法录制为录音制品的音乐作品制作录音制品,可以不经著作权人许可,但应当按照规定支付报酬;著作权人声明不许使用的不得使用。第46条第2款规定"播放作品法定许可",即广播电台、电视台播放他人已发表的作品,可以不经著作权人许可,但应当按照规定支付报酬。第25条第1款规定"编写教科书法定许可",即为实施义务教育和国家教育规划而编写出版教科书,可以不经著作权人许可,在教科书中汇编已经发表的作品片段或者短小的文字作品、音乐作品或者单幅的美术作品、摄影作品、图形作品,但应当按照规定向著作权人支付报酬,指明作者姓名或者名称、作品名称,并且不得侵犯著作权人依照本法享有的其他权利。《信息网络传播权保护条例》第8条规定"制作和提供课件法定许可",即为通过信息网络实施九年制义务教育或者国家教育规划,可以不经著作权人许可,使用其已经发表作品的片断或者短小的文字作品、音乐作品或者单幅的美术作品、摄影作品制作课件,由制作课件或者依法取得课件的远程教育机构通过信息网络向注册学生提供,但应当向著作权人支付报酬。

**问** 对于企业而言,在经营、宣传过程中应当注意哪些要点,防止著作权侵权风险?

**答** 由于企业的经营、宣传活动往往都具有商业目的,因此合理使用条款适用空间较小,更应当注重著作权保护。在生产商品的过程中,不要抄袭他人的作品、通过"搭便车"的形式获取短暂的商业利益。在宣传过程中,应当注意所用素材是否是他人的作品,是否取得授权、支付报酬。对于需要使用的音乐作品,可以向中国音乐著作权协会取得相应作品的授权。对于美术、摄影作品尽量避免随意从网上下载未知来源的图片,特别是未经许可下载并使用带有他人署名或水印的图片。对于视听作品素材的选取也应当尽可能联系原作者获得授权支付相应的报酬。在未取得授权的情况下,尽量减少使用的时长、数量。同时不论是否取得授权,在使用他人作品时都尽可能地标明作者及作品名称。如果企业在著作权许可方面缺乏相应的经验,也可以考虑与第三方机构订立相应的合同协助运营,节省了企业自己审查的时间、人力成本,一旦出现著作权侵权纠纷也可以依据与第三方机构订立的合同主张违约责任。

## 典型案例分析

**以案说法为纠纷处理提供具体的参考**

案件名称:《三体》有声读物著作权侵权纠纷

案号:(2021)沪73民终818号

审理法院:上海知识产权法院

案例来源:中国裁判文书网

**基本案情** 2016年5月27日,《三体》作者刘慈欣与腾讯公司签订《独家合作协议》及《授权书》。双方约定,刘慈欣将《三体》作品独占授权给腾讯公司,授权方式为许可腾讯公司将作品制作成音频作品。腾讯公司有权在授权期限内将《三体》改编录制成音频作品,改编录制完成后的音频作品及其录音制作者权利归腾讯公司永久所有。被告荔支公司在其网页和荔枝App中搜索"三体",存在几十个用户上传的《三体》有声书,播放量较大。荔支公司仅提供了部分涉案作品用户的身份信息。

**法院观点** 腾讯公司在作者授权范围内享有《三体》音频作品的独占权利。荔支公司提供了信息存储空间的网络服务,在涉案权利作品具有较高知名度的情况下,荔支公司没有尽到应有注意义务,并且在接到原告发送的侵权通知后未能及时作出删除、屏蔽等合理反应,因此认定荔支公司明知或者应知其平台主播传播侵权音频,其未采取制止侵权的必要措施,构成帮助侵权,应承担相应的民事责任。

**裁判结果** 被告荔支公司赔偿腾讯公司经济损失500万元以及为制止侵权行为所支付的合理开支171,481.79元,并就著作权侵权行为在其官网首页连续15日刊登声明,消除影响。

**律师分析** 有声书、播客等作为全新的阅读体验渠道越来越受到广大听众的喜爱,由此也孕育出大量的音频平台。音频平台对于一些知名的作品应当尽到更高的合理注意义务,根据《民法典》第1197条的规定,网络服务提供者知道或者应当知道网络用户利用其网络服务侵害他人民事权益,未采取必要措施的,与该网络用户承担连带责任。首先,本案涉及的作品《三体》是作家刘慈欣的力作,具有很大的社会影响力。其次,涉案音频标题中含有大量"三体""刘慈欣"等字样,荔支公司很容易通过简单的技术措施进行识别。最后,腾讯公司已经多次发出侵权通知,但荔枝平台上仍有大量侵权作品未删除。

在此也提醒相关平台,为避免类似侵权纠纷,首先要设立著作权侵权的初步识别程序,针对标题进行全面筛查,尤其关注播放热度榜单,热门主播的音频作品;其次,若已经收到著作权侵权通知,企业应当初步判断对方是否享有著作权,要求对方提供著作权权利人的初步证明或者检视该作品是否已过著作权保护期限等;随后尽可能迅速地停止侵权行为并向对方答复,停止侵权行为包括删除、停止使用涉嫌侵权作品等。

## 031

# 广告侵权中的那些著作权问题

🎙 FM99.6 厦门综合广播《新闻招手停》第 56 期

主持人：海蕾

主讲人：李志鹏律师、蒋晓丹律师

### 热点问题发现

1. 广告侵权事件中，广告主是否应当承担侵权责任？
2. 广告侵权事件中，广告制作公司是否应当承担侵权责任？
3. 广告侵权事件中，代言人是否应当承担侵权责任？
4. 广告侵权事件中，互联网平台是否应当承担侵权责任？

**常见问题解答** 🔊

**问** 奥迪公司发布"小满"广告是否涉嫌著作权侵权？

**答** 根据《著作权法》第3条的规定，作品需满足三个构成要件：一是文学、艺术、科学领域的智力成果；二是具有独创性；三是以一定的形式表达出来。奥迪公司"小满"广告涉嫌抄袭一事中，关于"北大满哥"发布在先的视频是否构成作品、是否受《著作权法》的保护，笔者持肯定态度，认为其视频构成两种作品，一是短视频本身可以作为视听作品，二是视频的文案属于文字作品。具体分析如下：第一，"北大满哥"视频中的背景、构图、光线和拍摄手法等均是其个性化选择，属于电影作品、电视剧作品以外的视听作品，应当受《著作权法》的保护。从奥迪公司的广告和"北大满哥"的视频对比来看，两个视频的构图、运镜等完全不同，不存在相似之处，故奥迪公司对"北大满哥"的视听作品本身不存在侵权。第二，"北大满哥"对小满这一节气的解读经过其本人构思和语言组织，辅以诗歌，以口述的方式形成其独特的表达，具有独创性。因此，该文案整体符合文字作品的构成要件，应当受《著作权法》的保护，奥迪公司的广告文案与"北大满哥"的视频文案相似度极高，已构成侵权。

**问** "北大满哥"对小满节气的独特解读是以口头的方式在直播间表达出来的，是否属于口述作品？

**答** 口述作品是指即兴的演说、授课、法庭辩论等以口头语言形式表现的作品。口述作品应满足三个要件:(1)口述作品需要达到作品的要求,具有独创性;(2)必须是即兴作品,任何事先准备的诸如演讲稿、答辩状等都排除在口述作品的保护之外,应当由文字作品予以保护;(3)口述作品应当以口头的形式表现,口述作品一经作者口中说出,即形成了作品,受《著作权法》的保护。由此可见,口述作品与文字作品最大的区别在于其产生方式为"即兴",口述作品须为作者的临场发挥,而"北大满哥"的文案是由其提前记录,并在镜头前复述、摄制形成的,不具有"即兴"的特点,因此应按文字作品而非口述作品来保护。

**问** 奥迪公司"小满"广告事件中,其作为广告主是否应当承担侵权责任?

**答** 我国《广告法》第2条规定:"本法所称广告主,是指为推销商品或者服务,自行或者委托他人设计、制作、发布广告的自然人、法人或者其他组织。本法所称广告经营者,是指接受委托提供广告设计、制作、代理服务的自然人、法人或者其他组织。本法所称广告发布者,是指为广告主或者广告主委托的广告经营者发布广告的自然人、法人或者其他组织。"根据该规定,奥迪公司委托广告公司设计和制作广告,奥迪公司属于广告主。同时,奥迪公司在其官方社交媒体账号上发布了该视频,因此奥迪公司兼具广告发布者的身份。《著作权法》第52条规定,"有下列侵权行为的,应当根据情况,承担停止侵害、消除影响、赔礼道歉、赔偿损失等民事责任:……(五)剽窃他人作品;(六)未经著作权人许可,以展览、摄制视听作品的方法使用作品,或者以改编、翻译、注释等方式使用作品的,本法另有规定的除外;(七)使用他人作品,应当支付报酬而未支付的……"奥迪公司作为广告主和广告发布者,是侵权广告的第一责任人,应该承担抄袭的法律责任。

**问 广告制作公司是否应当承担侵权责任?**

**答** 广告主和广告制作公司之间一般是委托关系。《民法典》第929条第1款规定:"有偿的委托合同,因受托人的过错造成委托人损失的,委托人可以请求赔偿损失。"如果广告制作公司制作的广告导致奥迪公司承担了侵权损害赔偿责任,奥迪公司可依据双方之间的委托合同对广告制作公司进行追偿。

**问 广告代言人是否应当承担侵权责任?**

**答** 共同侵权的构成要件有三个,包括共同实施侵权行为、侵权行为和损害后果之间有因果关系、受害人受到损害。本案中刘德华先生作为代言人,并不负责广告文案的撰写,也很难判断广告文案是否抄袭。如果刘德华先生能够证明其对广告文案是否侵权不知情,则不构成共同侵权,无须承担侵权责任。

**问 奥迪"小满"广告在抖音、腾讯等互联网平台上广泛传播,互联网平台是否会因此承担侵权责任?**

**答**《互联网广告管理暂行办法》第15条第2款规定:"媒介方平台经营

者、广告信息交换平台经营者以及媒介方平台成员,对其明知或者应知的违法广告,应当采取删除、屏蔽、断开链接等技术措施和管理措施,予以制止。"《民法典》第1195条规定:"网络用户利用网络服务实施侵权行为的,权利人有权通知网络服务提供者采取删除、屏蔽、断开链接等必要措施。通知应当包括构成侵权的初步证据及权利人的真实身份信息。网络服务提供者接到通知后,应当及时将该通知转送相关网络用户,并根据构成侵权的初步证据和服务类型采取必要措施;未及时采取必要措施的,对损害的扩大部分与该网络用户承担连带责任。"根据上述规定,互联网平台有"通知—删除"的义务,即在接到侵权通知后应当立即采取删除等措施,否则在民事责任上应当就损害的扩大部分与该网络用户承担连带责任。本案中,各平台已经及时删除侵权广告,则无须承担相应责任。

## 典型案例分析

**以案说法为纠纷处理提供具体的参考**

案件名称:原告A公司与被告B公司侵害作品信息网络传播权纠纷

案号:(2019)京0491民初10206号

审理法院:北京互联网法院

案例来源:中国裁判文书网

**基本案情** 原告 A 公司享有《LONGMAN Welcome to English E-BOOKS 电子书 2B》的信息网络传播权,被告 B 公司未经许可将其复制加工并分类编辑后,拆分成 31 个文件,上传至被告所属运营的 App"少儿趣配音"上,其用户可以使用该些内容进行配音并制作短视频,由被告审核后上传到涉案 App 上供不特定用户观看,视频内容包括用户朗读涉案电子书内容的语音及涉案电子书中的图文。原告认为被告的行为侵犯了其享有的信息网络传播权。请求法院判令被告立即停止侵权,删除全部涉案作品,并赔偿经济损失 5 万元、合理支出 1 万元。

**法院观点** 法院认为,尽管被告 B 公司对用户上传每个视频的时长及大小进行限制,但被告 B 公司通过涉案 App 提供可供其用户浏览、获得、使用的内容已经高度覆盖涉案电子书载有的主要内容,损害了原告 A 公司享有的信息网络传播权。故被告 B 公司应当承担信息网络传播权侵权责任。关于经济赔偿数额,鉴于现有证据不能确定涉案侵权行为造成的实际损失或侵权获利情况,法院将综合考虑涉案作品的独创性程度、知名度,B 公司侵权行为的性质、侵权范围、主观过错程度等因素酌情予以确定。

**裁判结果** (1)判决被告 B 公司自本判决生效之日起停止通过少儿趣配音应用软件提供涉及《LONGMAN Welcome to English E-BOOKS 电子书 2B》的文件;(2)判决被告 B 公司停止侵权并赔偿原告 A 公司经济损失

10,000 元及合理支出 10,000 元。

**律师分析** 关于涉案短视频是否构成合理使用。在短视频合理使用的认定中，需要考虑被诉短视频是否改变原作品表达的信息和内容，是否属于对原作品功能进行了实质性的转换和改变，其使用数量是否符合必要性和适当性的要求，使用过程中是否指出著作权人等因素综合认定。本案中，涉案电子书包含功能很多，但最关键的功能还是向用户展示由英文、图片等要素构成的学习内容，传递英语教学内容和学习方法。涉案短视频将作品汇集，并非片段使用，被告 B 公司通过涉案 App 提供可供其用户浏览、获得、使用的内容已经高度覆盖涉案电子书载有的主要内容，可以实质地替代涉案电子书。由于涉案短视频并未改变涉案电子书表达的信息和内容，亦未对其教育功能进行实质性的转换和改变，且使用数量较大，缺乏必要性和适当性，使用过程中也没有指出著作权人，故不构成合理使用。

# Part Seven

第七编 合同

# 7

## 032

# 民间借贷中的利息相关法律问题

🎙 FM99.6 厦门综合广播《新闻招手停》第 81 期

主持人：海蕾

主讲人：赖丽华律师、周慧律师

### 热点问题发现

1. "砍头息"合法吗？
2. 约定利息，有何限制？
3. 未约定利息，如何处理？
4. 利息与本金，偿还顺序如何？

### 守护生活的民法典（二）

## 常见问题解答 🔊

**问** 什么是民间借贷？

**答** 宽泛地说，民间借贷是指在国家金融监管体系之外自发形成的融资形式，在我国并非立法层面的概念，有别于金融借贷。它主要是指自然人之间、自然人与法人或其他组织之间，以及法人或其他组织相互之间，以货币或其他有价证券为标的进行资金融通的行为。民间借贷是日常生活中解决资金供需矛盾的一种民间的、有效的方式，在我国有广泛的社会基础和深厚的历史渊源。

**问** "砍头息"合法吗？

**答** "砍头息"是一个俗语，是指出借人在借出款项的时候，已经预先从本金中扣除部分或者全部利息，只实际交付给借款人剩余本金的一种做法。在实际生活中，"砍头息"本质上既累高了还款本金，又累高了利息，一旦突破了法律规定的利率上限，就有可能演变成高利贷，严重损害借款人的利益。根据《民法典》第670条的规定，借款的利息不得预先在本金中扣除。利息预先在本金中扣除的，应当按照实际借款数额返还借款并计算利息。因此，"砍头息"是不受法律支持的。

**问** 约定利息，有何限制？

**答** 对利息的约定，在双方能达成一致的前提下，需要注意：不得超过司法保护的上限。根据《最高人民法院关于审理民间借贷案件适用法律若干问题的规定》第25条的规定,出借人请求借款人按照合同约定利率支付利息的,人民法院应予支持,但是双方约定的利率超过合同成立时一年期贷款市场报价利率4倍的除外。前款所称"一年期贷款市场报价利率",是指中国人民银行授权全国银行间同业拆借中心自2019年8月20日起每月发布的一年期贷款市场报价利率(LPR)。在上述法条规定上,还要区分借款合同成立时间。借款合同成立时间在2020年8月20日以后的,则借款年利率不得超过借款成立时一年期LPR的4倍。借款合同成立时间在2020年8月20日之前的,利息的限制将分段计算:2020年8月19日之前的年利率以旧司法解释中的24%~36%为基准的两线三区为限,2020年8月20日之后不得超过一年期LPR的4倍。

**问 未约定利息,借款人却自愿支付,在支付后是否能要求返还?**

**答** 借款合同未约定利息,可能存在两种情况:一种情况是借贷双方就利息虽然没有书面约定,但曾口头约定过。借款人支付利息的依据是口头约定,属于正常的履约行为。这种情况下,不得再要求返还,只是在事实认定上有可能存在口头约定证据不足的困难。

另一种情况是双方既没有以书面方式,也没有以口头方式约定利息,借款人随后出于自愿支付了利息。事后,部分借款人会以不当得利为由要求出借人返还已经支付的利息。根据《民法典》第122条的规定,"因他人没有法律根据,取得不当利益,受损失的人有权请求其返还不当利益"。这里提到的不当得利有四个构成要件:一是一方获有利益;二是他方受有损失；三是获利与受损之间存在因果关系；四是获利没有合法根据，也就是没有"法律上的原因"。借款人自愿支付利息的行为是基于借款合同的成立和有效履行才发生的，不属于没有法律上的原因，因此不符合不当得利的构成要件。其实，借款人主动支付利息的行为，可以视为借款人主动改订借款合同、为原有的借款合同增加利息支付的相关内容的新要约，出借人如果无异议并且接受的，则为对这一新要约进行承诺的意思表示，双方实际上由此补充了关于利息的约定，完成了借款合同的改订。而这一新合同也已经因为借款人完成利息的支付而履行完毕，借款人自愿支付了利息，又要求返还利息的请求不应得到支持。

**问** 未约定借期内利息，出借人起诉时可以主张吗？

**答** 自然人之间的借贷，除非在借条、借款合同等书面凭证中约定了利息，否则视为无息。对此，《最高人民法院关于审理民间借贷案件适用法律若干问题的规定》第24条第2款作了明确规定，自然人之间借贷对利息约定不明，出借人主张支付利息的，人民法院不予支持。

除自然人之间的借贷外，借贷双方对借贷利息约定不明，出借人主张利息的，人民法院应当结合民间借贷合同的内容，并根据当地或者当事人的交易方式、交易习惯、市场报价利率等因素确定利息。

**问** "逾期利息",法律上如何规定?

**答**《民法典》第 676 条规定:"借款人未按照约定的期限返还借款的,应当按照约定或者国家有关规定支付逾期利息。"具体来说,可分为以下两种情况:

第一种情况:借贷双方如果事先对逾期利率有约定的,则依据双方的约定来支付逾期利息。但是,要注意该逾期利率的上限为借款合同成立时一年期贷款市场报价利率(LPR)的 4 倍。

第二种情况:借贷双方未约定逾期利率或者约定不明时:若约定了借期内利率但是未约定逾期利率的,出借人可以依据借期内利率主张借款人支付自逾期还款之日起的资金占用利息;若既未约定借期内利率,也未约定逾期利率的,出借人可以参照逾期还款之日起的一年期贷款市场报价利率(LPR)的标准要求借款人承担逾期利息。

**问** 借贷双方既约定了逾期利息,又约定了违约金的,出借人在起诉时可以既要求逾期利息又要求违约金吗?

**答** 可以。根据《最高人民法院关于审理民间借贷案件适用法律若干问题的规定》第 29 条的规定,出借人与借款人既约定了逾期利率,又约定了违约金或者其他费用,出借人可以选择主张逾期利息、违约金或者其他费用,也可以一并主张,但是总计超过合同成立时一年期贷款市场报价利率(LPR)4 倍的部分,人民法院不予支持。

**问** 利息与本金,偿还顺序如何?

**答**《民法典》第561条规定:"债务人在履行主债务之外还应当支付利息和实现债权的有关费用,其给付不足以清偿全部债务的,除当事人另有约定外,应当按照下列顺序履行:(一)实现债权的有关费用;(二)利息;(三)主债务。"所谓实现债权的有关费用指的是在债务履行逾期后,债权人为了实现债权而发生的合理费用,如差旅费、诉讼费、律师费、执行费,诉讼过程中发生的评估费、鉴定费、拍卖费等。在借贷双方未约定还款顺序的情况下,执行债务时会优先支付这些"有关费用",剩卜的资金,优先偿还的是利息,包括借期内利息和逾期利息,也包括在法院判决后债务人逾期履行的加倍利息。在"实现债权的有关费用"、利息都支付完毕后,本金是最后的支付项。

**问** 对支付利息的期限有什么规定?

**答**《民法典》第674条对此进行了明确规定,即"借款人应当按照约定的期限支付利息。对支付利息的期限没有约定或者约定不明确,依据本法第五百一十条的规定仍不能确定,借款期间不满一年的,应当在返还借款时一并支付;借款期间一年以上的,应当在每届满一年时支付,剩余期间不满一年的,应当在返还借款时一并支付"。

## 典型案例分析

以案说法为纠纷处理提供具体的参考

案件名称：刘某与王某民间借贷纠纷

案例来源：甘孜州丹巴县人民法院微信公众号

**基本案情** 2019年3月14日，被告王某以经商需资金周转为由，向原告刘某借款20万元，借款时双方约定利息按照月利率3%的标准计算，未约定借款期限。之后原告刘某经多次催讨未果，遂于2021年7月19日将王某诉至法院，请求判令王某偿还借款20万元并支付利息，利息以20万元为基数，按月利率3%计算，从2019年3月14日起计算至借款还清之日止。

**法院观点** 对刘某请求王某支付利息的部分，应分段计算。即在2019年3月14日至2020年8月19日按照原司法解释中的24%～36%为基准的"两线三区"，2020年8月20日至实际付清之日以中国人民银行授权全国银行间同业拆借中心每月20日发布的一年期贷款市场报价利率（LPR）的4倍为标准确定民间借贷利率的司法保护上限。根据以上规定刘某要求王某按月利率3%计算利息显然超过民间借贷利率的司法保护上限，且根据2021年6月21日发布的数据，一年期贷款市场报价利率(LPR)为3.85%,其4倍为15.4%,也就是说,民间借贷利率超出15.4%的部分不受法律保护。

**裁判结果** 承办法官通过向双方释明,最后双方在互谅互让的基础上进行调解,并达成以下调解协议:王某支付刘某本金20万元、利息2万元,总计22万元,并于2021年8月15日之前一次性付清。

**律师分析** 《民法典》于2021年1月1日起正式施行。虽然,本案的借款事实发生在《民法典》施行前,但因该借款事实引起的纠纷发生在《民法典》施行后,故本案应适用《民法典》的相关规定。本案被告对借款金额20万元无异议,法院在引导双方进行调解的过程中,为达成符合法律规定且合乎情理的调解结果,重点在于对利息的考量。《民法典》第680条1款规定:"禁止高利放贷,借款的利率不得违反国家有关规定。"《最高人民法院关于审理民间借贷案件适用法律若干问题的规定》第25条第1款规定:"出借人请求借款人按照合同约定利率支付利息的,人民法院应予支持,但是双方约定的利率超过合同成立时一年期贷款市场报价利率四倍的除外。"第31条第2款规定:"2020年8月20日之后新受理的一审民间借贷案件,借贷合同成立于2020年8月20日之前,当事人请求适用当时的司法解释计算自合同成立到2020年8月19日的利息部分的,人民法院应予支持;对于自2020年8月20日到借款返还之日的利息部分,适用起诉时本规定的利率保护标准计算。"本案中,即便利息分段计算,无论是按原司法解释24%~36%为基准的"两线三区",还是新司法解释规定的借款年利率不得超过合同成立时一年期贷款市场报价利率(LPR)的4倍,原告提出的按月利率3%计算的诉求,均超过了司法保护的上限,故超过部分不应得到支持。正因如此,双方在法院的主持下,就利息部分达成了一次性归还2万元的协议。

## 033

## 《民法典》中债权人撤销权制度的相关法律问题

🎙 FM99.6 厦门综合广播《新闻招手停》第 52 期

主持人：海蕾

主讲人：陈晓丽律师、陈帆律师

**热点问题发现**

1. 什么是债权人撤销权？
2. 只要债务人还不上钱，债权人就可以提起撤销权之诉吗？
3. 债权人撤销权之诉，如何列被告？

## 常见问题解答 🔊

**问** 什么是债权人撤销权？

**答** 债权人撤销权是指当债务人无偿处分或以不合理的对价交易导致其财产权益减少或责任财产负担不当加重，对债权人的债权实现有影响时，债权人可以请求人民法院撤销债务人所实施行为的一项民事权利。

**问** 撤销的债务人的行为种类？

**答**《民法典》将可以撤销的债务人行为分为无偿和有偿两类，分别在第538条和第539条进行了规定。《民法典》第538条规定："债务人以放弃其债权、放弃债权担保、无偿转让财产等方式无偿处分财产权益，或者恶意延长其到期债权的履行期限，影响债权人的债权实现的，债权人可以请求人民法院撤销债务人的行为。"第539条规定："债务人以明显不合理的低价转让财产、以明显不合理的高价受让他人财产或者为他人的债务提供担保，影响债权人的债权实现，债务人的相对人知道或者应当知道该情形的，债权人可以请求人民法院撤销债务人的行为。"

**问** 债务人无偿和有偿处分财产行为的区别？

**答**《民法典》第538条规定了两种无偿处分行为，第539条规定了三种有偿处分行为。对于债务人无偿处分财产权益的行为，主观恶意原则上无须证明即可推定，同时，相对人属于纯获益的行为，撤销债务人无偿处分行为亦不损害相对人的合法权益，故可不问相对人的主观动机均可撤销。而对于债务人有偿处分财产权益的行为,债务人以明显不合理低价转让财产、以明显不合理高价受让财产或者为他人提供担保,因交易对价的合理性判断比较复杂,原则上不能直接推定债务人具有恶意。债务人主观恶意的判断标准在于交易对价明显不合理,而判断相对人主观恶意的标准在于其对影响债权人债权实现的事实是知道或应当知道。如此,才能在债务人财产管理自由与相对人交易安全保护之间达到适度平衡。

**问** 债权人撤销权的撤销规则?

**答** 债权人在行使撤销权时应当遵循一些撤销规则,包括构成要件、行使范围和行使期限。债权人撤销权制度有三个构成要件:第一,债权人对债务人存在合法有效的债权,这是撤销权构成的首要条件;第二,债务人存在无偿或有偿处分的行为,这是撤销权构成的标的要件;第三,债务人实施的财产处分行为影响债权人债权的实现,这是撤销权构成的实质要件。这里值得注意的是,《民法典》第538条和第539条将原《合同法》第74条规定的"对债权人造成损害"修改为"影响债权人的债权实现",从"损害"到"影响",降低了债务人财产处分行为与债权人债权实现之间因果关系程度的要求,有利于实践中判断标准的把握。关于行使范围,《民法典》第540条规定:"撤销权的行使范围以债权人的债权为限。债权人行使撤销权的必要费用,由债务人负担。"关于行使期限,《民法典》第541条规定:"撤销权自债权人知道或者应当知道撤销事由之日起一年内行使。自债务人的行为发生之日起五年内没有行使撤销权的,该撤销权消灭。"

### 问 债权人撤销权的行使效果?

**答** 债权人撤销权若是成立,其产生的法律效果因人而异。对于债权人而言,其行使撤销权后,可保全债务人财产处分行为损及的债务人责任财产。对于债务人而言,财产处分行为被撤销,其与相对人之间已成立的法律关系自始没有约束力,责任财产应恢复原状。对于相对人而言,仅成立债权关系尚未发生物权转移的,其债权关系因原因行为被撤销而消灭;因财产处分行为就相应财产已发生物权转移的,相对人得依债权人之请求,返还其已受领的财产。对于其他利害关系人而言,在债权人撤销权诉讼前从债务人或相对人处取得的财产或权利,按善意取得规定来处理;在提起撤销权之诉后从债务人或相对人处取得的财产或权利,不属于善意,应当返还。

### 问 如何行使债权人撤销权?

**答** 债权人撤销权之诉的原告,应当是因债务人无偿或有偿处分财产行为而债权实现受到影响的债权人。撤销权的行使必须由享有撤销权的债权人以自己的名义向人民法院提起诉讼。债权人撤销权之诉的被告,学界和实务界存在争议:第一种观点认为,被告只能是债务人;第二种观点认为,受益人或受让人也应可以作为被告;第三种是折中的观点,认为应区分债务人的行为是单务行为还是双务行为。对此,最高人民法院关于《民法典》的理解与适用中的观点认为,法律规定并未限制债权人以相对人为被告,考虑到债权人撤销权之诉除涉及受益人或受让人的抗辩外,还涉及撤销权行使与成立的效果等问题,受益人或受让人也应可以作为被告。撤销权诉讼的管辖,以原告就被告为原则,即由被告住所地人民法院管辖。

**问** 债权人撤销权制度的意义?

**答** 法律之所以设立债权人撤销权制度,其意义就是为了保障全体债权人的合法利益。法律绝非违法者的避风港!至于如何平衡债务人的合理权利处分自由和债权人的利益保护,则需要审判机关在审判实践中依据撤销规则进行严格把握。

## 典型案例分析

**以案说法为纠纷处理提供具体的参考**

案件名称:许某某与刘某某、孙某某、刘某债权人撤销权纠纷

案号:(2020)闽0203民初7244号

审理法院:福建省厦门市思明区人民法院

案例来源:中国裁判文书网

**基本案情** 2018年9月3日,许某某提起民间借贷纠纷诉讼,要求刘某某返还借款本金1300万元并支付利息、保全费用。该案经一审、二审法院审理后,法院支持了许某某诉求。判决生效后,许某某向法院申请执行,债权至今未获得足额清偿。

1989年2月21日,刘某某与孙某某登记结婚。2018年12月19日,双方协议离婚,《离婚协议书》约定"一、女儿由女方抚养,男方每月支付8000元生活费;二、女方名下所有财产归女方所有,男方名下位于集美区×号×室的房产也归女方所有,家里现有物品归女方所有,男方净身出户,其他各自名下存款归各自所有,各自名下债务各自负担……"

2004年8月26日,厦门市思明区×路×号×单元房屋登记至孙某某名下。2020年2月20日,孙某某与刘某签订一份《存量房买卖合同》,约定孙某某以120万元的价格将讼争房屋出售给刘某,后讼争房屋登记在刘某名下。

2020年1月21日,许某某提起债权人撤销权诉讼,请求撤销刘某某、孙某某于2018年12月19日签订的《离婚协议书》第1条和第2条的约定。2020年7月15日,法院作出(2020)闽0203民初2818号民事判决,认为刘某某在欠付巨额债务的情况下将夫妻共同财产中的份额全部放弃,属于债务人无偿转让财产的行为,刘某某、孙某某未能证明刘某某尚有其他财产足以清偿许某某的债务,该放弃夫妻共同财产中份额的行为明显损害债权人许某某的利益,应予撤销。

2020年4月16日,许某某又提起债权人撤销权诉讼,请求撤销孙某某、刘某于2020年2月20日签订的《存量房买卖合同》,将厦门市思明区×路×号×单元房屋变更登记至刘某某、孙某某名下。

**法院观点** 根据在案事实及证据,讼争房屋是刘某某与孙某某结婚后购买取得,孙某某并未提交证据证明讼争房屋为其个人财产,故讼争房屋应认定系孙某某与刘某某的共同财产。孙某某与刘某签订《存量房买卖合同》约定讼争房屋的交易价格为120万元明显低于市场价格,属于不合理的低价转让财产,结合许某某与刘某某的民间借贷讼争及执行情况,以及(2020)闽0203民初2818号民事判决,应当认定转让行为对刘某某的债权人许某某造成损害。因此,许某某要求撤销《存量房买卖合同》符合上述法律规定。《存量房买卖合同》被撤销后,刘某应将讼争房屋恢复登记至孙某某名下。

**裁判结果** (1)撤销孙某某与刘某于2020年2月20日签订的《存量房买卖合同》;(2)刘某于本判决生效之日起5日内将厦门市思明区×路×号×单元房屋恢复登记至孙某某名下。

**律师分析** 许某某民间借贷纠纷一案虽获胜诉判决,但债权未能得到实际清偿。在此情况下,许某某启动了两个撤销权诉讼,撤销了债务人刘某某与配偶孙某某《离婚协议书》中部分财产分割条款,将不动产恢复为夫妻共有状态,撤销了孙某某与刘某签订的《存量房买卖合同》,将已处分的房屋恢复登记至孙某某名下。许某某通过两个撤销权诉讼,为债务人刘某某追回部分责任财产,有利地保障了自身债权的实现。

原《合同法》第74条第1款规定:"因债务人放弃其到期债权或者无偿转让财产,对债权人造成损害的,债权人可以请求人民法院撤销债务人的行为。债务人以明显不合理的低价转让财产,对债权人造成损害,并且受让人知道该情形的,债权人也可以请求人民法院撤销债务人的行为。"2021年1月1日,《民法典》正式开始实施,原《合同法》废止。《民法典》第538条规定:"债权人以放弃其债权、放弃债权担保、无偿转让财产等方式无偿处分财产权益,或者恶意延长其到期债权的履行期限,影响债权人的债权实现的,债权人可以请求人民法院撤销债务人的行为。"第539条规定:"债务人以明显不合理低价转让财产、以明显不合理高价受让他人财产或者为他人的财产提供担保,影响债权人的债权实现,债务人的相对人知道或者应当知道该情形的,债权人可以请求人民法院撤销债务人的行为。"《民法典》相较于原《合同法》而言,对可撤销的债务人行为进行更为细致的规定,对债务人恶意逃避债务的行为进行了更为严格的规制。

## 034

# 建设工程施工合同纠纷中先予执行制度的法律适用

FM99.6 厦门综合广播《新闻招手停》第82期

主持人：海蕾

主讲人：卢泽潇律师、何程律师

### 热点问题发现

1. 什么是先予执行制度？
2. 先予执行的情形有哪些？
3. 发包方如何申请先予执行？

## 常见问题解答

**问** 什么是先予执行制度？

**答** 正常的诉讼程序一般是经诉讼—判决，判决生效后再进入执行程序，但是先予执行制度是正常诉讼程序的一种例外，是指人民法院在受理案件后、终审判决作出之前，根据一方当事人的申请，裁定对方当事人向申请人给付一定数额的金钱或其他财物，或者实施或停止某种行为，并立即付诸执行的一种程序。

**问** 什么情况下可以申请先予执行？

**答**《民事诉讼法》第109条规定，人民法院对下列案件，根据当事人的申请，可以裁定先予执行：(1)追索赡养费、扶养费、抚养费、抚恤金、医疗费用的；(2)追索劳动报酬的；(3)因情况紧急需要先予执行的。关于什么是"情况紧急"，《最高人民法院关于适用〈中华人民共和国民事诉讼法〉的解释》第170条作出了专门的规定，情况紧急，包括：(1)需要立即停止侵害、排除妨碍的；(2)需要立即制止某项行为的；(3)追索恢复生产、经营急需的保险理赔费的；(4)需要立即返还社会保险金、社会救助资金的；(5)不立即返还款项，将严重影响权利人生活和生产经营的。

**问** 申请先予执行有什么条件？

**答**《民事诉讼法》第110条规定，人民法院裁定先予执行的，应当符合下列条件：(1)当事人之间权利义务关系明确，不先予执行将严重影响申请人的生活或者生产经营的;(2)被申请人有履行能力。人民法院可以责令申请人提供担保,申请人不提供担保的,驳回申请。申请人败诉的,应当赔偿被申请人因先予执行遭受的财产损失。同时,《最高人民法院关于适用〈中华人民共和国民事诉讼法〉的解释》第169条规定,先予执行应当限于当事人诉讼请求的范围,并以当事人的生活、生产经营的急需为限。所以,申请先予执行应当符合以下几个条件:第一,情况紧急需要先予执行,否则将严重影响申请人的生活或者生产经营;第二,当事人之间权利义务关系明确;第三,当事人就其申请先予执行的事项提出了相应的诉讼请求;第四,被申请人有能力履行;第五,申请人提供足额担保。

**问 建设工程施工合同纠纷中哪些情况可以适用先予执行?**

**答** 从检索到的案例情况来看,施工方申请先予执行工程款是最为常见的;发包方申请先予执行主要是要求施工方配合办理竣工验收、要求施工方撤离场地和设备以及要求施工方提供竣工验收备案材料。

**问 权利义务关系明确的审核标准是什么?**

**答** 建设工程施工合同纠纷中,证据资料繁多,有可能涉及多方主体,法律关系往往非常复杂,发包人与施工方可能产生数个诉讼,在同一诉讼中被告可能会提出反诉,因此未经审判法院很难认定当事人权利义务关系明确,所以发包人可以考虑重点针对申请事项的权利义务关系进行举证。比如,发包人申请先予执行撤离场地,应当侧重证明,建设工程施工合同已经无效或者解除,或者事实上已经无能履行,即使双方对工程量、工程价款、违约责任等存在巨大分歧,但施工方撤场是迟早都会发生的,所以仅就撤场这个问题,双方权利义务关系是明确的。

**问 什么是"明确的"诉讼请求?**

**答** 如发包人要求施工方立即交付竣工验收备案证明材料,那么发包人应当梳理清楚工程所在地政府主管部门对竣工验收及备案的具体要求,需要承包人交付的具体资料,需要承包人配合办理的具体手续后,在诉讼请求中列明具体的材料名称,可以在诉讼请求后面做个附件清单,以使诉讼请求具备可执行性。

**问 不服法院作出的先予执行裁定该如何救济?**

**答** 根据法律规定,当事人对先予执行的裁定不服的,可以申请复议一次。但复议期间不停止裁定的执行。《最高人民法院关于适用〈中华人民共和国民事诉讼法〉的解释》第171条规定,当事人对先予执行裁定不服的,可以自收到裁定书之日起5日内向作出裁定的人民法院申请复议。人民法院应当在收到复议申请后10日内审查。裁定正确的,驳回当事人的申请;裁定不当的,变更或者撤销原裁定。利害关系人对先予执行的裁定不服申请复议的,由作出裁定的人民法院依照前述规定处理。

**问** 先予执行错误应该如何处理？

**答** 人民法院先予执行后，根据发生法律效力的判决，申请人应当返还因先予执行所取得的利益的，适用《民事诉讼法》第240条的规定，即进行执行回转。执行回转应重新立案，适用执行程序的有关规定。执行回转时，已执行的标的物系特定物的，应当退还原物。不能退还原物的，经双方当事人同意，可以折价赔偿。双方当事人对折价赔偿不能协商一致的，法院应当终结执行回转程序，申请执行人可以另行起诉。

### 典型案例分析

以案说法为纠纷处理提供具体的参考

案件名称：郴州盛名房地产开发有限公司与福建成森建设集团有限公司建设工程施工合同纠纷

案号：(2017)湘民初33号

审理法院：湖南省高级人民法院

案例来源：中国裁判文书网

**基本案情** 原告(反诉被告)福建成森建设集团有限公司(以下简称成森公司)与被告(反诉原告)郴州盛名房地产开发有限公司(以下简称盛名公司)建设工程施工合同纠纷一案，盛名公司反诉要求成森公司交付竣工验收、备案相关资料。在该案审理过程中,案涉工程已经完工并于2018年6月5日办理五方验收,盛名公司已向业主交房,但此后成森公司拒交竣工验收资料。2019年7月17日,盛名公司向法院申请先予执行,要求成森公司移交竣工验收资料。

**法院观点** 盛名公司的申请符合法律规定。双方约定,案涉工程竣工验收后,成森公司应当移交竣工验收备案资料,现案涉工程已经五方验收,成森公司已具备了移交资料的条件,且成森公司多次承诺将移交资料以避免损失的扩大,但至今未移交竣工备案资料。案涉工程已交付盛名公司,盛名公司也已将案涉商品房交付业主。为尽快办理综合验收,成森公司应当移交竣工验收备案资料给盛名公司,避免损失的进一步扩大。

**裁判结果** 成森公司自本裁定生效之日起15日内向盛名公司交付竣工验收、备案相关资料。

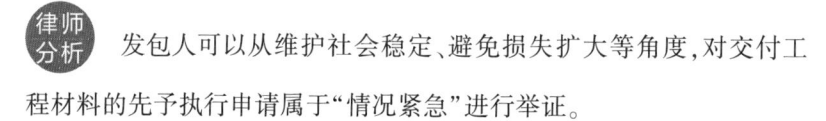

**律师分析** 发包人可以从维护社会稳定、避免损失扩大等角度,对交付工程材料的先予执行申请属于"情况紧急"进行举证。

发包人开发建设的住宅项目最终要向业主交付,其与业主之间签订商品房买卖合同会根据建设项目的工期对交房时间进行明确的约定。如施工方借故拖延工期,拒不配合提供竣工验收备案所需材料,将产生连锁反应,导致开发商向业主逾期交房。建设项目逾期交房可能会激发开发商与业主之间的矛盾,引发群体性事件、业主集体上访等问题,严重影响社会稳定。此外,根据商品房买卖合同关于逾期交付的违约责任约定,开发商逾期交房可能需要支付巨额违约金,逾期交付达到一定时间,业主有权选择解除合同。所以,如遇房价下跌,业主可能以逾期交房为由解除合同,这将对开发商生产经营产生造成巨大影响;如果建设项目被无限期拖延,导致开发商资金紧张,建设项目还存在烂尾的风险,给开发商、成百上千的购房业主、项目相关供应商带来巨大的经济损失。

# Part Eight

## 第八编 其他侵权

# 8

# 035

# 谈谈民法典时代侵权责任法律问题

🎙 FM99.6厦门综合广播《新闻招手停》第×期

　　主持人：海蕾

　　主讲人：林炎杰律师、曾浩律师

## 热点问题发现

1. 《民法典》侵权责任编的新变化？
2. 什么是"自甘风险规则"？
3. 同桌喝酒侵权责任如何承担？
4. 好意同乘事故责任如何承担？

## 守护生活的民法典（二）

**常见问题解答**

**问** 《民法典》对侵权责任的规定有什么变化？

**答** 相较于此前的《侵权责任法》，《民法典》侵权责任编修订及新增的条款数量达到52条，新增了许多亮点，修改后的亮点包括新增确立了自甘风险的规则、规定自助行为制度、加强对知识产权的保护、完善召回缺陷产品的责任、完善高空抛物坠物治理规则、明确宠物伤害责任、增设好意同乘的责任承担规则等内容。

**问** 什么是自甘风险规则？

**答** 自甘风险规则规定在《民法典》第1176条，即自愿参加具有一定风险的文体活动，因其他参加者的行为受到损害的，受害人不得请求其他参加者承担侵权责任；但是，其他参加者对损害的发生有故意或者重大过失的除外。活动组织者的责任适用本法第1198条至第1201条的规定。

因为竞技比赛运动本身存在受伤风险，参与者应具有自知、自担风险的心理准备；只有在对方恶意冲撞或者存在重大过失等情形，才能要求对方给予相应赔偿。当然，如果活动组织者未尽到安全保障义务，或者学校等教育机构，未尽到教育、管理职责的，则需要承担相应的侵权责任。

我们结合一个案例来进一步说明：2021年，黑龙江省宝泉岭人民法院审结一起学生在校园内踢球受伤引起的赔偿纠纷案件。11岁的小伟喜欢踢足球,自愿报名参加了学校的足球训练队。训练中,小伟与小栋因抢球发生碰撞,造成小伟受伤。球队教练知道后,联系了小伟的家人并及时将小伟送到医院救治。经医院诊断小伟骨折。当日,某保险公司因学校报案出险。小伟住院数天,产生了医疗费、护理费以及将来需要二次手术取钢板的费用,共计6万余元。可是保险公司只理赔3万元,小伟在社保局报销了7000元,产生3万余元的损失。小伟及其家人向法院提起诉讼,要求小栋及学校承担赔偿责任。首先,小栋是否需要承担责任?法院经审理认为,足球运动具有群体性、对抗性及人身危险性,足球运动中允许出现正当的危险后果,而正当危险的制造者无须承担责任。根据《民法典》第1176条的规定,因小伟与小栋均为自愿参加具有一定风险的文体活动,且小伟提供的证据不能证实小栋对其损害的发生有故意或者重大过失,对小伟要求小栋赔偿的诉讼请求,法院不予支持。其次,学校是否需要承担责任?法院经审理认为,在足球队训练前学校已向队员进行了必要的安全教育,且学校在小伟受伤后及时通知小伟的家人,并由小伟家人及时送去医院进行救治,学校又联系保险公司对原告进行了理赔,已尽到教育、管理职责,学校的行为并无不当,对小伟要求学校赔偿的诉讼请求,法院不予支持。

**问** 日常生活中,与家人、朋友聚餐时,免不了一起喝点小酒,若酒后发生意外,同桌其他人是否应当承担责任?

**答** 共同饮酒行为是纯粹的情谊行为,处于法律调整范围之外,但它具有转化为情谊侵权行为、构成情谊侵权责任的可能,此类情谊侵权责任的特色之一即情谊行为的前提。共同饮酒可以作为引发注意义务或者安全保障义务的先行行为,会在当事人之间产生一定的法律关系,同饮者基于过错违反此种义务就可能构成情谊侵权责任。情谊侵权责任的另一特色,是受害人在情谊行为乃至情谊侵权行为过程中,往往存在违反对自己人身安全的注意义务,也存在过错,据此应当减轻责任人的损害赔偿责任。

作为侵权责任的构成要件,过错的认定是侵权案件审理的核心要素,而过错的认定依赖于确定行为人的注意义务,但该问题长期以来是我国侵权案件审判的短板之一。以共同饮酒案例为例,共同饮酒者对醉酒者是否存在救助义务,组织饮酒者是否存在管理义务?各地、各级法院给出了不同的判决结果、不同的判决理由。面对"同案异判"的现象,我们需要探讨在特定案件中是否存在侵权法上的救助义务;如不存在救助义务,法官能否在司法政策的引导下确定救助义务的范围。

关于共同饮酒者的注意义务的来源,主流观点认为,饮酒本身是一种危险性活动,共同饮酒增加了该活动的危险,因此共同饮酒者负有对共同危险行为承担防范的注意义务。必须作出说明的是,风险的存在并非注意义务的来源。假如我们认定,饮酒行为本身是制造危险的行为,那么制造这一危险并能够有效控制这一危险的主体为饮酒者本人,而非参与的共同饮酒者。如果饮酒者自愿饮酒且无强制劝酒的行为,则饮酒者的行为属于"自甘风险"的行为。

**问 共同饮酒在什么情况下需要承担责任?**

**答** 实务中,经常把以下几种情况当作共同饮酒责任划分标准:第一,强迫性劝酒,明知对方不能喝酒,或明知对方身体有疾病,对方已经明确表示身体不适的情况下仍然劝对方饮酒者,要承担由劝酒引起的一切责任。第二,明知对方喝醉已经失去或即将失去对自己的控制能力,在无人照顾的情况下存在危险,清醒酒友未将醉酒者安全送达,醉酒者一旦出事则需要承担相应的责任。特别提醒,护送醉酒者回家一定要将醉酒者安全送回家中,或亲手安全地交给其家人。如果只将醉酒者送到楼下,结果,刚离开对方就突发疾病死亡。那么,护送者就需要承担赔偿责任。第三,酒后驾车未劝阻,对于醉酒的酒友其他人应当劝阻其不得驾车,如果未加劝阻则就有可能承担由此引发的相应法律责任。第四,宴会的主人应当确保参加宴会的每个人的安全,醉酒者一旦出现意外事故,酒宴召集者就要承担相应法律责任。

**问 如何有效避免同桌饮酒侵权责任的发生?**

**答** 第一,不强迫性劝酒。无论什么场合,什么情况,对方什么身体状况,最好是不劝酒,随意就行。第二,劝阻不能喝酒的对方不要喝酒。在明知对方身体有疾病,或者对方已经明确表示身体不适的情况下,要劝对方不要饮酒,如对方自愿要喝,要劝阻或劝请少饮,尽到提醒和照顾义务。第三,将醉酒者安全送达。对于酒友醉酒的,清醒酒友应当预见醉酒者已经失去或即将失去对自己的控制能力,无人照顾将存在危险(如醉酒呕吐时,呕吐物可能回流导致窒息死亡),应当将醉酒者安全送达。第四,及时劝阻酒后驾车。对于醉酒的酒友要驾车驶离,其他人应当劝阻其不得驾车。如果未加劝阻则有可能承担相应的责任。如果尽到劝阻义务,对方不听劝阻而驾车,酒友可以免责。

**问 什么是好意同乘规则?**

**答** 好意同乘规则规定在《民法典》第1217条,即非营运机动车发生交通事故造成无偿搭乘人损害,属于该机动车一方责任的,应当减轻其赔偿责任,但是机动车使用人有故意或者重大过失的除外。根据前述规定,机动车使用人没有故意或重大过失的,法律规定应当减轻其赔偿责任。

## 典型案例分析

**以案说法为纠纷处理提供具体的参考**

案件名称:张某莲与黄某军机动车交通事故责任纠纷

案号:(2022)陕0802民初3137号

审理法院:陕西省榆林市榆阳区人民法院

案例来源:中国裁判文书网

**基本案情** 张某莲等人乘坐黄某军驾驶自己所有的未悬挂车牌的三轮摩托车回家,当行至榆阳区××镇××路由南向东右转弯路段时,因操作不当,三轮摩托车车厢内的乘客张某莲跌出车厢,致张某莲受伤、车辆受损的道路交通事故。张某莲遂至医院就诊并住院治疗,住院25天,花医药费22,970.04元。此事故经交警部门认定,当事人黄某军承担此事故的全部责任;张某莲无责任。后双方因赔偿事宜协商未果,以致涉讼。原告张某莲向法院提出诉讼请求:(1)依法判令被告赔偿原告医疗费22,970.04元、护理费2500元、伙食补助费1250元、营养费750元、误工费3500元、伤残赔偿金、精神损害抚慰金、被扶养人生活费(待鉴定后确定)等暂计30,970.04元;(2)本案诉讼费用由被告承担。

**法院观点** 法院经审理认为,行为人因过错侵害他人民事权益,应当承担侵权责任。侵害他人造成人身损害的,应当赔偿医疗费、护理费等为治疗和康复支出的合理费用,以及因误工减少的收入。造成残疾的,还应当赔偿残疾生活辅助费和残疾赔偿金。本案中,被告黄某军驾驶机动车行驶过程中未确保安全导致发生单车事故,经交警部门认定黄某军负本起事故的全部责任。被告黄某军虽未提供证据证明原告在乘坐过程中存在过错,但原告作为完全民事行为能力人选择乘坐黄某军无号牌三轮摩托车,违反《道路交通安全法》的"禁止货运机动车载客"规定,对自身损害后果的发生存在一定的过错,依法应当承担相应的责任。被告黄某军驾驶三轮摩托车,且是在未收取张某莲费用的情况下允许张某莲搭乘其驾驶的机动车,该行为构成好意同乘。黄某军的行为符合社会道德,应受到鼓励。结合案件情况应当减轻黄某军40%的赔偿责任。关于原告要求被告赔偿精神损害抚慰金的诉请,因原告的搭车行为构成好意乘车,被告黄某军本是助人为乐的无偿行为,且发生交通事故时被告黄某军也没有主观上故意,故原告该诉请法院不予支持。

**裁判结果** 被告黄某军于本判决生效之日起10日内赔付原告张某莲损失141,879.04元的60%即85,127.42元;驳回原告张某莲的其他诉讼请求。

**律师分析** 好意同乘具有利他性质,对于维持人际关系和谐,促进形成互助友爱的社会风气,具有积极意义。在好意同乘中发生交通事故,造成搭乘者人身及财产损害的情形下,好意同乘行为就可能转变为侵权行为,车辆驾驶人应对其过错承担法律责任。《民法典》新增关于"好意同乘"的法律条款适当减轻了好意驾驶人的赔偿责任,既符合公平正义原则,也有助于形成良好社会风尚。因此,虽然好意同乘行为系一种助人为乐的情谊行为,值得鼓励。但搭乘者无偿乘坐他人车辆并不意味着其甘愿冒一切风险,驾驶人对同乘者的生命财产安全仍负有不可推卸的注意义务,故应当遵守交通管理法律规范、谨慎驾驶。

## 036

## 《民法典》中的产品责任规定与网络消费纠纷新规相关内容

FM99.6厦门综合广播《新闻招手停》第43期

主持人：海蕾

主讲人：简斯林律师、庄幼留律师

### 热点问题发现

1. 什么是"欺诈性消费"？
2. 什么是"产品责任惩罚性赔偿"？
3. 消费遭遇侵权，如何维权？

## 常见问题解答 🔊

**问** 网络购物、网络消费已经成为我们日常消费很重要的一种方式,网络消费纠纷新规,"新"在哪里?

**答** 大家所称的"网络消费纠纷新规"全称是《最高人民法院关于审理网络消费纠纷案件适用法律若干问题的规定(一)》,该规定是国家为了进一步正确审理网络消费纠纷案件,依法保护消费者合法权益,促进网络经济健康持续发展而颁布的。该规定在2022年3月15日正式施行。"新"主要体现在以下几个方面:第一,第一次专门针对网络消费活动出台的司法解释;第二,首次对"网络直播电商"有关热点问题法律适用进行规定;第三,首次直接对网络餐饮消费活动有关问题的法律适用进行规定。

**问** 直播消费引起的纠纷,"新规"中具体的规定有哪些?

**答** "新规"从第11条至第17条对五种参与经营网络消费的主体作出了规定,五种主体包括网络直播营销平台经营者、营销平台的经营者、平台内经营者、直播间的运营者、主播和工作人员、消费者。"新规"针对"直播带货"的规定,主要有以下几点:第一,平台内经营者开设网络直播间销售商品,其工作人员的虚假宣传行为的责任承担问题;第二,直播间购物时直播间运营者是否承担销售者责任的问题;第三,网络直播营销平台经营者开展自营业务的销售者责任;第四,平台不能提供直播间运营者实名信息的责任承担问题;第五,平台对网络直播间的食品经营资质未尽到法定审核义务的责任问题;第六,平台经营者知道或者应当知道网络直播间销售的商品不符合保障人身、财产安全的要求,或者有其他侵害消费者合法权益行为,未采取必要措施的责任问题;第七,直播间运营者知道或者应当知道经营者提供的商品不符合保障人身、财产安全的要求,或者有其他侵害消费者合法权益行为,仍为其推广、给消费者造成损害的责任承担问题。

**问** 直播带货的商品出现质量问题,主播需要承担责任吗?

**答** 如果主播卖的是自家的产品,则是商品经营者、销售者,产品一旦存在质量问题,主播依法承担相应产品质量的法律责任;如果主播是为别的商家带货,则属于广告活动的范畴,"直播带货"属于我国《广告法》第2条第1款规定的"通过一定媒介和形式直接或者间接地介绍自己所推销的商品或者服务的商业广告活动"。如果主播发布虚假广告,欺骗、误导消费者,需要根据我国《广告法》第56条规定判断。即主播作为商品广告代言人,如果其发布了关系消费者生命健康的商品或者服务的虚假广告,造成消费者损害的、或者明知或应知广告虚假仍设计、制作、代理、发布或者作推荐、证明的,带货主播应当与广告主承担连带责任。

**问** 如果在直播购物中买到的商品有问题,消费者应该怎么维权?

**答** 首先,应当明确维权的路径,包括平台投诉、与经营者直接协商和解、通过消费者协会投诉及调解、通过人民法院起诉等;其次,消费者在收到有问题的商品时,应第一时间提出异议,如果符合7天无理由退货承诺可以直接退货,如果不能退货则应收集购买凭证、支付凭证、聊天记录、商家页面等证据;最后消费者要提高法律意识,必要时考虑咨询律师。

**问 《民法典》如何规定产品责任?**

**答** 《民法典》侵权责任编专章规定了"产品责任",主要规定了产品生产者责任,被侵权人请求损害赔偿的途径和先行赔偿追偿权的问题,生产者和销售者对有过错第三人的追偿权,危及他人人身、财产安全的责任承担方式,流通后发现有缺陷的补救措施和侵权责任,产品责任惩罚性赔偿等。实务中,一般认为在产品存在缺陷、缺陷产品造成他人损害、损害事实与产品缺陷具有因果关系的情况下,生产者要承担产品责任。生产者产品责任在法律上适用无过错责任原则,即不以生产者的过错作为侵权责任的构成要件。该立法的目的是希望更有力地保护受害者、发挥生产者在产品生产和风险控制中的主动性和能动性,以提升生产者的质量责任意识和质量管理水平。实务中,一般认为在产品存在缺陷、缺陷产品造成他人损害、损害事实与产品缺陷具有因果关系、由于销售者过错使产品存在缺陷的情况下,销售者要承担产品责任。

**问 什么是欺诈性消费?**

**答** 《消费者权益保护法》第55条规定:"经营者提供商品或者服务有欺

诈行为的,应当按照消费者的要求增加赔偿其受到的损失,增加赔偿的金额为消费者购买商品的价款或者接受服务的费用的三倍;增加赔偿的金额不足五百元的,为五百元。法律另有规定的,依照其规定。经营者明知商品或者服务存在缺陷,仍然向消费者提供,造成消费者或者其他受害人死亡或者健康严重损害的,受害人有权要求经营者依照本法第四十九条、第五十一条等法律规定赔偿损失,并有权要求所受损失二倍以下的惩罚性赔偿。"在《消费者权益保护法》没有对"欺诈"作出特别规定的情况下,实务中一般结合民法理论关于欺诈的一般认定,即一方当事人故意告知对方虚假情况,或故意隐瞒真实情况,诱使对方当事人作出错误意思表示的,可以认定为欺诈行为。

**问 什么是惩罚性赔偿?**

**答** 惩罚性赔偿又称惩戒性赔偿,是加害人给付受害人超过其实际损害数额的一种金钱赔偿,是一种集补偿、惩罚、遏制等功能于一身的赔偿制度。惩罚性赔偿的主要目的不在于弥补被侵权人的损害,而在于惩罚有主观故意的侵权行为,并遏制这种侵权行为的发生。从赔偿功能上讲,其主要作用在于威慑。被侵权人得到了高于实际损害的赔偿数额,这种赔偿也能够提高侵权人的注意义务,从而避免类似情况再次发生。

**问** 根据《消费者权益保护法》的规定,适用"三倍"惩罚性赔偿的情形指什么?

**答** 适用经营者"三倍"惩罚性赔偿的第一个要件是在消费活动领域经营者和消费者存在消费合同关系;第二个要件是经营者存在欺诈行为,欺诈可以根据《民法典》第148条、第149条认定。一般认为,在经营者主观上存在欺诈的故意、经营者客观上存在告知消费者虚假情况或者隐瞒真实情况的行为、经营者的欺诈行为导致消费者陷入了错误认识、消费者基于这种错误认识作出意思表示的情况下会被认定为经营欺诈。

**问** 什么情况下适用"二倍以下"惩罚性赔偿?

**答** 经营者"二倍以下"惩罚性赔偿主要基于以下要件:一是经营者提供的商品或服务存在缺陷;二是经营者明知缺陷的存在;三是造成消费者或其他受害人死亡或健康严重损害的实际后果;四是商品或服务缺陷与损害后果之间存在因果关系。需要注意的是,该类惩罚性赔偿的适用条件比经营者"三倍"惩罚性赔偿更为严格,要求请求主体所受损害应达到消费者或其他受害人死亡或健康受到严重损害的程度。

## 典型案例分析

以案说法为纠纷处理提供具体的参考

案件名称:沈某某与上海Y汽车技术服务有限公司买卖合同纠纷

案号:(2017)沪01民终3184号

审理法院:上海市第一中级人民法院

案例来源:中国裁判文书网

**基本案情** 2016年2月9日,沈某某与上海Y汽车技术服务有限公司(以下简称Y公司)签订汽车代购合同。2016年2月25日,Y公司向沈某某交付价款为24.8万余元的车辆。Y公司证明讼争车辆至2016年4月28日公里数为3243公里。维修履历显示,该车于2015年12月15日进行过PDS维修,于12月16日进行过5000公里保养,当时车辆里程显示为3001公里。沈某某以所购车辆非新车,Y公司隐瞒维修、保养记录、篡改里程数为由诉至法院,要求解除购车合同,承担"退一赔三"责任。Y公司向法院提供补充合同载明此车为展示车,油漆面有划伤,沈某某已确认此车并完全知晓此车实际情况。沈某某不认可此补充合同的真实性。

**法院观点** Y公司作为车辆销售单位,应当向消费者提供符合购车合同约定的车辆,现 Y 公司未能提供其他证据证明讼争车辆系全新车,而实际按照合同约定以全新车的价格向沈某某出售讼争车辆,应当认定 Y 公司在销售中存在欺诈行为,现沈某某主张解除购车合同、向 Y 公司退还讼争车辆,并要求 Y 公司退还车辆购车款并赔偿系讼争辆价款的 3 倍损失,符合法律规定,法院予以支持。但增加赔偿的金额应为沈某某购买讼争车辆的车价款的 3 倍为限,而非沈某某在购车过程中所产生的所有费用。沈某某在购买讼争车辆过程中支出的车辆购置税、讼争车辆的保险费用及行驶证、车牌、倒车雷达等费用,系因购车目的不能达成所实际产生的损失,应由 Y 公司予以赔偿。

**裁判结果** 一审法院认为,本案中原告沈某某提供的证据,可以证明车架号为 LVGDN×××4411 的车辆曾于 2015 年 12 月 16 日在北京某门店进行过 5000 公里的定检,维修履历亦显示定检时车辆里程为 3001 公里,Y 公司未提供相应证据证明该定检系因销售车辆所致,且讼争车辆于 2016 年 4 月 28 日经 Y 公司确认,里程为 3243 公里,该车辆里程存在不符常理之处。即便补充合同系真实的,并未体现沈某某认可该车辆系非全新车,故应当认定 Y 公司销售中存有欺诈行为,现沈某某主张解除购车合同、承担"退一赔三",符合法律规定,予以支持。Y 公司不服,上诉至上海市第一中级人民法院。上海市第一中级人民法院维持原判。

**律师分析** 汽车销售者对重要信息有向消费者进行披露的义务,在看似平等的买卖合同关系中,消费者实际仍处于信息不对称的弱势地位,汽车经营者往往利用行业内的便利和优势地位故意隐瞒某些车辆瑕疵,诱使消费者在无法及时、全面了解车况信息的情形下作出错误决定。消费者如遇到此类消费欺诈,应收集相关证据,积极维权。

## 037

# 萌宠伤人谁担责？

🎙 FM99.6 厦门综合广播《新闻招手停》第 41 期

主持人：海蕾

主讲人：方凡佳律师、林培勋律师

### 热点问题发现

1. 什么是"饲养"？
2. 饲养人和管理人，到底谁之过？
3. 受害人也要承担责任？

守护生活的民法典(二)

## 常见问题解答

**问** 法条中的"饲养"应如何理解？

**答** 饲养的动物是指由特定人提供食物、处所进行培育、驯养、控制的动物。主要有以下几种类型：第一，家庭因生活需要而饲养的家畜和家禽，如狗、猫、牛、羊、鸡、鸭等；第二，工厂、酒店等生产经营场所因安全等需要而饲养的动物，如用于看门的犬只；第三，宠物店因销售目的而饲养的动物，如宠物猫、宠物狗；第四，农场、养殖场等因生产经营目的饲养的动物，如山羊、奶牛等；第五，动物园除外的旅游景区，因营业需要所饲养的动物，如马匹等；第六，相关机构因从事特定教学目的而饲养的动物，如因马术表演等教学需要饲养的马匹等。

**问** 被遗弃的宠物致人受伤，原主人需要承担责任吗？

**答** 需要根据具体情况来判断：针对短暂脱离饲养状态的动物，如刚刚被遗弃、短暂逃离饲养场所等，只要食物来源或场所较为固定，处于一定程度的被饲养、被管理的状态，应认定为饲养的动物，其主人需承担相应的民事责任；如遗弃或逃离的时间较长，且无法确定原主人，由于动物并不处于人类社会的管控或饲养的状态，所以不属于饲养动物范围，无从谈及责任承担。

**问** 是否只有动物的主人才需要承担侵权责任？

**答** 动物饲养人、管理人以及这两类之外的人，都可能成为侵权责任主体。无论是动物的主人,还是主人的朋友或者是其他代管人,作为饲养动物的管理者,均有对饲养动物采取安全措施的义务。如因第三人过错致使动物造成他人损害的,被侵权人可向动物饲养人或者管理人请求赔偿,也可以向第三人请求赔偿;动物饲养人或者管理人先行赔偿的,饲养人或管理人有权向第三人继续追偿。

**问 管理人为什么需要承担责任?**

**答** 动物饲养人可以是动物的所有人、占有人或保管人;而管理人对动物不具有所有权,而是根据某种法律关系直接占有和控制动物,如动物园对动物的管理关系,如基于借用合同、保管合同等法律关系而对动物负有的管理职责。饲养人和管理人对其饲养、管理的动物均具有一种支配控制的地位。饲养动物致害责任,实质上亦是饲养人或者管理人为避免他人人身、财产或者精神状态遭受损害而负有的控制危险来源的义务。

**问 动物侵权的构成要件?**

**答** 第一,发生了饲养动物损害他人的行为,如宠物猫狗咬伤人、马群踩踏人、猪拱人、牛卧车轨造成交通事故、豢养的飞鹰啄人等;第二,被侵权人遭受了实际损害,通常包括财产损害、人身损害和精神损害三种类型;第三,动物加害行为与损害结果之间存在因果关系。实践中的因果关系多种多样,如合乎自然科学法则就比较容易判断,但如存在介入因素因果关系就比较复杂。

**问 如何理解因果关系中的"介入因素"?**

**答** 例如,甲被乙饲养的狗咬伤,送往医院治疗过程中,出现医疗事故导致甲伤口感染,经抢救无效死亡。狗的致害行为与甲的死亡结果之间没有直接的因果关系,但没有狗的伤害就没有后来的医疗事故。因此,无法完全否定狗的致害行为与甲的死亡结果具有因果关系,又不能将甲的死亡结果完全归咎于狗的伤害,而是狗致害行为与医疗事故共同导致了甲的死亡结果。狗的致害行为对甲的伤害结果发挥了实际作用,但对死亡结果仅发挥了条件作用,致害行为本身并不足以致死。因此,应根据饲养动物侵权在损害结果的形成过程中所占的原因力比重、结合个案情况来认定民事责任。

**问 符合前述三个要件,被侵权人是否可以主张赔偿?**

**答** 是的。赔偿问题由法定归责原则来解决,侵权责任归责原则分为过错责任原则和无过错责任原则。根据《民法典》第 1245 条、第 1246 条和第 1247 条的规定,饲养动物致害责任适用无过错责任归责原则,除法定抗辩事由外,饲养人或管理人不能通过证明自己没有过错而免责。《民法典》第 1245 条规定的责任阻却事由包括被侵权人故意或者重大过失,《民法典》第 1246 条规定的责任阻却法定事由则仅限于被侵权人故意。但若是禁止饲养的烈性犬等危险动物造成他人损害的,根据《民法典》

第1247条的规定,饲养人、管理人对于造成的损害结果必须承担全部责任。

### 典型案例分析

以案说法为纠纷处理提供具体的参考

案件名称:欧某某与高某饲养动物损害责任纠纷

案号:(2018)粤07民终2934号

审理法院:广东省江门市中级人民法院

案例来源:中国裁判文书网

**基本案情** 2017年8月13日晚19时左右,欧某某在丈夫陪同下徒步经台山市××路××号前面宽敞公共人行道时,遇趴在台阶上休息由高某饲养的一只棕色"泰迪犬"。该犬见欧某某夫妻接近,站立起来向欧某某方向走了两步,欧某某见"泰迪犬"靠近,惊慌往其左侧避让时摔倒受伤。欧某某受伤后即被送往医院治疗,支出了医疗费50,328.41元。后经司法鉴定所的鉴定,欧某某的损伤被评定为9级伤残,且后续治疗费约需12,000元。

**法院观点** 首先,高某没有证据证明其取得了《犬类准养证》,其饲养涉案动物违反了《广东省犬类管理规定》第4条规定。其次,高某并未给其所饲养的"泰迪犬"拴上犬绳,亦未提供证据证明其有对所饲养的动物采取了其他的安全措施,且本案所涉地点为步行街,时间为晚上 19 时左右,作为饲养人高某应对其所饲养的动物有更高的注意义务。当欧某某经过该"泰迪犬"所处的位置时,"泰迪犬"虽未出现"追赶、扑倒、撕咬、吠叫"等情形,但因"泰迪犬"突然站立以及走近的动作,导致欧某某心理恐惧进而摔倒,该摔倒虽非"泰迪犬"直接接触所致,但因为动物自身具有危险性,其所诱发的损害亦应属于"饲养的动物造成他人损害"范畴。最后,高某无证据证明欧某某在受伤害过程中存有主动挑逗、投打、追赶等故意或者重大过失等情形。据此,欧某某本案所涉的损失系高某未规范饲养动物导致并诱发,亦无证据证明高某存有能减轻其责任的情形,故高某应对欧某某的涉案损失承担全部赔偿责任。

**裁判结果** 高某应在本判决生效之日起 10 日内给付欧某某 209,775.03 元。

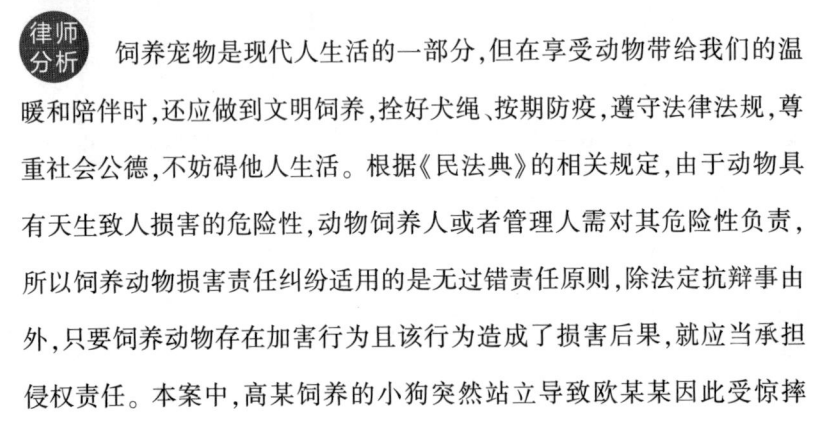

**律师分析** 饲养宠物是现代人生活的一部分,但在享受动物带给我们的温暖和陪伴时,还应做到文明饲养,拴好犬绳、按期防疫,遵守法律法规,尊重社会公德,不妨碍他人生活。根据《民法典》的相关规定,由于动物具有天生致人损害的危险性,动物饲养人或者管理人需对其危险性负责,所以饲养动物损害责任纠纷适用的是无过错责任原则,除法定抗辩事由外,只要饲养动物存在加害行为且该行为造成了损害后果,就应当承担侵权责任。本案中,高某饲养的小狗突然站立导致欧某某因此受惊摔倒,该种加害行为虽不是直接接触如咬伤、抓伤等,却同样属于加害行为,所以高某应对欧某某的损失承担赔偿责任。且高某不拴犬绳的行为加剧了动物的随意伤害的可能,于法更应受到惩罚。

《民法典》为动物的规范饲养和饲养动物损害责任的划分提供了明确指南和有效遵循,有利于形成文明饲养、规范饲养的良好社会风尚。其中将"不得妨害他人生活"变更为"不得妨碍他人生活",反映出对于饲养动物基本原则和容忍度的变化,对动物饲养责任从结果导向转化为源头规制的转变,责任不仅表现为危害结果的发生,还包括对受害者其他的关联性影响,如动物吠叫噪声、闻嗅、奔跑、打转等非接触引起的恐慌伤害等。

针对本案涉及的"饲养动物损害责任",律师提示,一方面,饲养人及管理人应当知悉该责任属于无过错责任,须加倍注意,严格约束饲养行为、强化谨慎饲养义务。若非己方饲养动物"肇事",应尽可能保留证据,依法证明清白。另一方面,受害者亦须注意不应主动招惹他人饲养的动物,在被动物致损时应当及时就医,取得能够还原侵害事实的证据,依法保障自身权益。

## 038

# 《民法典》中的好意施惠

🎙 **FM99.6 厦门综合广播《新闻招手停》第 63 期**

主持人：海蕾

主讲人：李志鹏律师、蓝丽英律师

### 热点问题发现

1. 什么是好意施惠？
2. 生活中好意施惠的情形有哪些？
3. 好意施惠情形下造成的损失如何承担？

**常见问题解答**

**问** 什么是好意施惠？

**答** 好意施惠，也就是我们生活中所说的情谊行为，是指当事人之间并没有创设法律上的权利义务关系的意图，但由一方基于良好的道德风尚实施的使另一方获益的行为。

**问** 生活中常见的好意施惠有哪些情形？

**答** 生活中好意施惠的情形有很多，如请人吃饭、看电影、旅游等以财务为施惠的内容的好意施惠；上班、下班顺路搭乘同事的车等以提供服务为施惠的内容的好意施惠；请客吃饭的同时提供休闲的场地和保管物品的服务等兼具财务型和服务型的好意施惠。

**问** 从法律上分析，好意施惠具有哪些特点？

**答** 好意施惠是一种特殊的社会行为，具有明显的社交属性和道德属性，其特征主要体现在以下几个方面：第一，从权利义务角度来讲，好意施惠关系中的行为人主观上并无为自己或他人设立法律上权利义务的意思；第二，从行为动机来讲，好意施惠行为是一种含有情谊因素的行为，仅是出于道德上的同情或者自愿而为之；第三，好意施惠的表现形式是无偿的；第四，好意施惠行为不受法律的拘束性，本身是不受法律调整的。

**问** 日常生活中如何认定好意施惠行为？

**答** 日常生活中出现的赠与合同、无偿委托合同等，与好意施惠行为类似，容易混淆。认定好意施惠行为可以从以下两个方面判断：第一，从当事人的主观意图上去判断。好意施惠关系中施惠人主观上是基于情谊或增进感情，不管是施惠行为人还是相对方都没有订立契约的意思，如答应陪别人陪跑，双方并无就"陪跑"行为受法律约束的意思。对于行为人主观上的意思可以结合行为发生的场合、交易习惯以及无偿性、风险性等方面进一步分析。在商业领域的交易习惯会侧重于成立法律关系，如无偿委托、无偿保管合同，而在非商业领域也就是我们社会生活领域则会侧重于认定为好意施惠行为。第二，看双方当事人是否享有法律上的权利或承担法律上的义务。好意施惠关系中，施惠人没有必须实施施惠行为的义务，相对人也不享有要求施惠人必须履行施惠行为的权利。比如陪跑案例中，施惠方可以不陪跑，相对方并不享有要求施惠人必须陪跑的权利，或者以此来追究施惠人违约的责任，双方并不就"答应陪跑"这个事情而产生法律上的权利义务。

**问** 好意施惠情形下产生损失，责任如何承担？

**答** 《民法典》中并没有好意施惠的直接规定，但是《民法典》第1217条规定，非营运机动车发生交通事故造成无偿搭乘人损害，属于机动车一方责任的，应当减轻其赔偿责任，这条是《民法典》对好意施惠中最常见的一种表现方式——"好意同乘"情况下发生交通事故时赔偿责任的规定。"好意同乘"情况下出现交通事故造成损失,之前的《侵权责任法》等未作出明确规定,故《民法典》属于首次明确对该问题进行了法律回应。在理解该条文时应当注意以下几点:第一,该条适用的前提必须是非营运的车辆无偿提供搭乘服务,如果是基于经营目的而提供无偿搭车的,如酒店、超市为促进经营提供免费班车或者出租车、滴滴快车等从事运营的机动车,不属于该条规定的情形;第二,在好意搭乘中,并不是只要出现了损害后果,就一定会产生赔偿责任,施惠人承担侵权责任适用的过错责任原则,施惠人在有过错的情况下才承担;第三,好意同乘中,尽管法律规定好意搭乘应当作为减责的事由,但施惠人如果具有侵权的故意或者重大过失,则不能以此作为减责的事由,如施惠人不具备驾驶资格或者有不得驾驶车辆的情况,就是属于严重过错,施惠人不能减轻赔偿责任。

## 典型案例分析

**以案说法为纠纷处理提供具体的参考**

案件名称:王某等与青岛某公司、程某、张某等人身损害责任纠纷

案号:(2020)鲁民终2839号

审理法院:山东省高级人民法院

案例来源:中国裁判文书网

# 守护生活的民法典（二）

**基本案情**　2020年4月4日17:30左右,谢某通过微信群联系船东张某出海钓鱼,随行的一共有十几个人,有部分钓客需支付出海费用每人1200元,谢某因认识船东,未支付该笔费用。2020年4月6日17:20返航时,发现谢某失踪,多方搜寻未果,后于2020年4月8日发现谢某尸体,谢某家属向法院提起诉讼,要求涉案船舶的登记所有人青岛某公司、涉案船舶的船长程某、涉案船舶的经营人张某以及随船的其他人员承担责任。一审认定谢某与张某构成服务合同关系,认定谢某自身存在过错自行承担90%过错责任,张某承担10%过错责任。一审判决后谢某家属不服上诉,二审中谢某家属放弃要求其他随船人员承担责任,仅要求涉案船舶的登记所有人青岛某公司、涉案船舶的船长程某、涉案船舶的经营人张某承担责任,二审争议焦点问题:青岛某公司公司、程某、张某应否对谢某的死亡承担责任。

**法院观点**　首先,根据一审法院向青岛海警局调取的询问笔录,需要支付费用的钓客,其出海费用标准为每人1200元;即使谢某家属所称的下船时分鱼的情况属实,但分鱼时无人监督,完全靠钓客自觉留鱼,并非等价支付,谢某与张某之间不能构成有偿服务。而且,没有证据表明,在事发前,谢某与张某之间就乘船钓鱼之事有订立合同的意思表示。因此,谢某与张某形成好意同乘关系。一审认定张某与谢某之间为服务合同关系不当,法院予以纠正。谢某与青岛某公司和程某之间没有法律规定或合同约定的权利义务关系。

其次,在好意同乘情形下,涉案船方无偿施惠让他人免费搭乘并不意味着其不用承担任何事故赔偿责任,因船方在驾驶船舶、管理船舶等方面存在过错导致搭乘人的人身损害的,应依照原《侵权责任法》的有关规定进行赔偿。青岛海警局崂山工作站于2020年6月25日出具《接处警证明》记载,未发现他杀迹象及相关线索;青岛市公安局出具的死亡证明记载,不排除谢某生前溺水死亡。因此,就目前证据而言,无法确定谢某死亡的原因,即四上诉人未能举证证明谢某死亡这一损害结果,与其所称的船方在未禁止喝酒、未要求穿戴救生衣、部分船员无船员证等方面的过错行为,存在因果关系。因此,四上诉人应当承担举证不能的不利后果,其主张青岛某公司、程某和张某构成侵权,并要求承担赔偿责任,不应得到支持。

**裁判结果** 谢某家属的上诉请求不能成立,应予驳回;一审法院认定事实清楚,适用法律正确,应予维持。依照《民事诉讼法》第170条第1款第1项的规定,判决:驳回上诉,维持原判。

**律师分析** 因不同的法律关系所适用的法律、当事人承担的举证责任有所不同,因此,就本案中案涉船舶的经营人张某是否需要承担责任的问题,首先要确认双方之间构成何种法律关系。

一审法院认为,张某提供其经营的船舶为钓客出海钓鱼并收取部分钓客费用，因为和谢某熟识而未收取谢某的费用，张某与谢某之间应为服务合同关系。在构成服务关系前提下，张某作为住宿、娱乐等经营活动的主体，如果未尽到合理限度内的安全保障义务、导致他人遭到人身损害，应当承担赔偿责任。在举证方面，张某应当就其已经尽到合理限度内的安全保障义务承担举证责任。

而二审法院认为，本案中没有证据表明，在事发前，谢某与张某之间就乘船钓鱼之事有订立合同的意思表示，即使谢某家属所称的下船时分鱼的情况属实，但分鱼时无人监督，完全靠钓客自觉留鱼，并非等价支付，谢某与张某之间不能构成有偿服务，因此，谢某与张某形成好意同乘关系。在构成好意同乘的情形下，因张某在驾驶船舶、管理船舶等方面存在过错导致搭乘人谢某的人身损害的，应依照《民法典》的有关规定承担赔偿责任，但此时举证方面，就变成谢某的家属应当对侵权行为、损害后果以及因果关系之间承担举证责任了。

司法实践中，对于搭乘者与提供搭乘者在未达成对价给付的情形下，实际也并不影响好意同乘的认定。比如搭乘朋友的车，搭乘人主动提出愿意承担一部分油费，而向施惠人支付部分款项，该款项并非对价给付，在这种情况下，虽然是有支付一部分费用，但并不影响好意同乘行为的认定。

## 039

# 网络世界并非法外之地

🎙 FM99.6 厦门综合广播《新闻招手停》第 66 期

主持人：海蕾

主讲人：张青云律师、刘龙祥律师

**热点问题发现**

1. 网络侵权包括哪些情形？
2. 网络侵权如何认定？
3. 网络侵权如何维权？

## 守护生活的民法典（二）

**常见问题解答** 🔊

**问** 网络侵权包括哪些情形？

**答** 网络侵权是个比较宽泛的概念，其中不仅涉及侵犯他人的人格权，还包括侵犯他人的著作权等。随着网络的发展，网络侵权的种类也越来越多、表现形式越来越多元。

**问** 网络侵权的界限如何划定？

**答** 举例来说，《王者荣耀》作为风靡全国的手游之一一向受到诸多关注，而《王者荣耀》的官方赛事 KPL 更是受到各方关注。李某作为《王者荣耀》KPL 的官方解说，他大开大合的解说风格及犀利的言辞也引起过许多争议，在重庆狼队对战南京 HERO 久竞的比赛中因双方 BP 问题更是引起了诸多争议，而李某的个人言辞导致其被重庆狼队的粉丝网络攻击。网络暴力就是一种网络侵权的典型行为。根据《民法典》的规定，公民享有名誉权，网友们在公开平台对李某的侮辱、辱骂必然导致其名誉受损、社会评价降低。

**问** "上海女孩和叮咚骑手"的事件是否属于网络暴力的一种？

**答** 《全国人民代表大会常务委员会关于维护互联网安全的决定》规定，利用互联网侮辱他人或者捏造事实诽谤他人的，依照刑法有关规定追究刑事责任；《最高人民法院、最高人民检察院关于办理利用信息网络实施诽谤等刑事案件适用法律若干问题的解释》明确了"捏造事实诽谤他人""严重危害社会秩序和国家利益"的具体情形,并规定同一诽谤信息实际被点击、浏览次数达到5000次以上,或者被转发次数达到500次以上的,造成被害人或者其近亲属精神失常、自残、自杀等严重后果等情形应当认定为《刑法》第246条第1款规定的"情节严重",构成诽谤罪。随着近年来网络暴力事件的频发,在2022年"两会"期间,已经有40位代表联名建议为反网络暴力专项立法,更有委员建议"将严重的网络暴力纳入公诉案件"。因此,虽然目前我国还没有就网络暴力事件进行专项立法,但对互联网环境的治理,已经越来越引起国家的重视。因此,我们在此也呼吁各位网民,要文明上网,拒绝造谣传谣、人身攻击等违法行为。

**问 遭遇网络暴力,应如何维权?**

**答** 在法律上,受侵权人可以提起民事诉讼,要求侵权者赔礼道歉、消除损害并进行赔偿;如果网络暴力程度严重造成了受侵权人精神失常、自残自杀等严重后果的,可能会涉及诽谤罪及寻衅滋事罪。因此,网络并非法外之地,所有人都需对自己的所作所为负责。

为了保障法律维权,如果遭遇网络暴力,建议首先进行证据固定,也就是及时、充分地收集保存证据。因网络侵权的证据大多是网页或视频的电子证据,建议到公证处进行司法公证。若需要收集的证据太多,也可借助"区块链技术"对图片、文字、视频进行哈希值计算后上传到互联网法院。网络侵权常见的一种情形是虽然找到了造谣的账号却找不到造谣的人。比如钱某在网上被一个微博账号"小艺××"发文造谣,上海警方在当日发布了警情通报证实网络发文不实。但随后发现这个账号没有实名认证,连微博官方都不知道这个微博账号是谁的,更不知道文章是谁发的,通过私信、电话、短信等方式联系要求核实身份当然也没人回应。因此,钱某虽然找到了造谣的账号,但因未能确定主体、无法起诉。

**问** 主播诱导未成年人刷卡给主播打赏的行为是否属于侵权行为?

**答**《民法典》第145条第1款规定,限制民事行为能力人实施的纯获利益的民事法律行为或者与其年龄、智力、精神健康状况相适应的民事法律行为有效;实施的其他民事法律行为经法定代理人同意或者追认后有效。未成年人在未经得父母同意的情况下所作出的网络直播打赏行为与其年龄、智力不相适应,监护人有权请求主播返还钱款。

对于要求主播返还打赏钱款的家长,在法律上其应对孩子的打赏行为负有举证责任。因此,提醒家长要注意做好相关证据的收集和保存工作。同时,也建议家长们多花时间陪伴孩子、减少孩子玩手机的时间、妥善管理好金融账户密码,从根源上减少网络侵权行为的发生。

## 典型案例分析

**以案说法为纠纷处理提供具体的参考**

案件名称:程某与赵某买卖合同纠纷

案号:(2020)苏0281民初7297号

审理法院:江苏省江阴市人民法院

案例来源:中国裁判文书网

**基本案情** 赵某经营医疗美容项目,程某为网红医美顾问。2019年9月22日,甲方赵某(受让方)与乙方程某(出让方)签订《转让协议》,约定乙方将其拥有的微信号的使用权、所有权转让给甲方,甲方受让并支付相应的费用。付款方式:协议当日付款30万元,2020年3月22日支付10万元,2020年9月22日支付10万元。协议签订当日,赵某支付程某转让款30万元,程某将所约定的微信号交付赵某并完成微信号的密码、绑定手机号信息变更。2020年3月31日,程某向赵某邮寄律师函,要求赵某收函后3日内付清尾款及利息。赵某未给付。

**法院观点** 自然人的个人信息受法律保护。任何组织或者个人需要获取他人个人信息的,应当依法取得并确保信息安全,不得非法收集、使用、加工、传输他人个人信息,不得非法买卖、提供或者公开他人个人信息。微信账号是以电子数据方式记录能够单独或者与其他信息结合识别特定自然人个人身份的个人信息的有机载体,其承载了使用者个人特有的可识别信息和微信好友的大量个人信息,买卖微信账号构成了买卖他人个人信息,该买卖合同应属无效。

**裁判结果** 驳回程某的全部诉讼请求。

**律师分析** 本案中,双方当事人形式上是以合同方式转让微信账号,实际上是出于牟利目的让渡潜在客源信息、把潜在客户的个人信息资料作为交易客体。值得注意的是,程某之前取得自己客户的相关个人信息系获得了客户的同意,而他之所以能获得这些信息是以自己提供的商品、服务、咨询、商誉乃至人格作为信誉担保的。而通过购买方式获得这些信息的赵某则不同,其获取并利用客户个人信息没有以信息主体的知情和同意作为正当性基础,且在没有明示的前提下就以之前程某积累的商誉为基础推销产品或服务,会让潜在的消费者产生错误的主体认同。本案审判法官透过买卖合同这一表象抓住了个人信息交易的实质问题,对该行为的违法性进行了翔实的分析和论证,并作出公允妥当的裁判结论。

个人信息保护相关领域工作的有效落实是一个长期的征程。其中不但要有立法上的举措,还要通过执法活动落到实处,特别是通过一些典型案例澄清社会生活中一些尚不明确之处并彰显法律的底线性要求,给社会公众以正向的引导和反面的警示。本案的审判恰当地发挥了这方面的作用、引人思考,体现出积极的参考价值。

## 040

## 公众号推文使用"网红"表情包,侵权吗?

🎙 FM99.6 厦门综合广播《新闻招手停》第 76 期

　　主持人:海蕾

　　主讲人:苏腾云律师、卢毅婷律师

### 热点问题发现

1. 表情包是否属于"作品"?是否受《著作权法》的保护?
2. 随意使用表情包可能侵害著作权人的哪些权利?
3. 随意使用表情包导致侵权,要承担哪些法律责任?
4. 什么情况下,可不经著作权人许可使用他人作品?

**常见问题解答**

**问** 表情包是否属于"作品"？是否受《著作权法》的保护？

**答** 法律上所指的作品，一般是指在文学、艺术和科学领域内具有独创性并能以一定形式表现的智力成果。"表情包"一般是以线条、色彩、形状等元素的组合的图形或者形象，具有一定的审美意义，是作者投入了智力劳动产生的智力成果，能够以一定形式展现在大家面前、传达作者想要表达的思想，符合《著作权法》对"作品"的定义，也应当纳入《著作权法》的保护范畴。

**问** 常用的表情包有哪些类型？日常生活中随意使用表情包，可能会侵害作者的哪些权利？

**答** 根据创作来源的不同，可以将常用的表情包分为三类：

第一类是原创类，这类表情包主要是由作者自行设计创作的，常见的侵权情形主要涉及侵害署名权、发表权及修改和保护作品完整性的权利。例如，未取得原作者许可，擅自以自己的名义发布他人表情包作品，声称是自己创作的，这就是典型的侵犯表情包署名权的行为。

第二类是衍生作品类，是作者利用已有的影视剧作品片段，经过加工或剪辑等进行二次创新和发展，借此来表达自己的想法，实际上是一种改编行为，如果没有得到原作品权利人的许可，就直接用于商业目的，或者即使是以个人使用为目的，但向社会公众进行传播，则很容易侵犯著作权人的改编权。

第三类是真人表情类,主要是使用网红、明星、素人等动态表情制作的表情包作品,可能同时涉及肖像权、影视剧截图著作权、表情包作品著作权以及名誉权等多种不同权利。同时,还可能涉及有关演员的表演者权。例如,表情包制作者将表演者表演的人物形象进行曲解和篡改,使其丧失原有艺术表现风格,产生夸张、诙谐、滑稽的效果时,属于典型的侵犯表演者权的行为。

**问** 微信公众号发布的文章使用了某些"网红"表情包,这会侵害著作权人哪些权利?

**答** 表情包属于我国《著作权法》意义上的美术作品,若未经许可,就擅自在公众号推文中使用相关表情包,很可能会侵害著作权人的信息网络传播权。信息网络传播权是著作权中的一种财产性权利,是指通过有线或者无线的方式向社会公众提供作品,使公众可以在自己选定的时间和地点获得作品的权利。例如,如果公司未经表情包权利人的许可,擅自在推文中使用他人表情包,并将推文发布出来,使得其他人能够在任意的时间和地点浏览、查看或者其他方式知晓,就构成了对作者的信息网络传播权的侵害,需承担相应的民事责任。

**问 侵犯著作权要承担什么样的法律责任?**

**答** 侵犯他人的著作权,一般需依法承担停止侵害、消除影响、赔礼道歉、赔偿损失等民事责任。司法实践中,此类案件责任认定的争议焦点和难点,主要集中在具体赔偿数额的认定上。一般而言,侵权人依法应当按照权利人受到的实际损失或侵权人的因违法行为所获得的利益给予赔偿。如果权利人的实际损失或者侵权人的违法所得无法计算,还可以参照该权利的许可使用费给予赔偿。如果对权利人遭受的实际损失、侵权人的违法所得、权利使用费都没有办法进行证明,具体损失金额又难以计算的,人民法院还会综合考虑作品类型及知名度、涉案作品的发表、传播成本、权利人为维权而支付的合理费用、具体侵权情节等因素进行综合考量,对赔偿的金额进行酌定。

**问 日常生活中,可以不经著作权人许可在聊天中使用表情包吗?**

**答** 知识产权的合理使用制度,是指允许使用者不经过著作权人的同意,在法律允许的范围内、以合理的方式使用有关作品,也不需要向著作权人支付报酬。根据我国《著作权法》第 24 条的规定,以下情形可以适用"合理使用制度":为了个人的学习、研究或者欣赏;为了介绍、评论作品的适当引用;为了新闻报道使用;为了课堂教学、科学研究使用;国家机关为了执行公务的合理使用;博物馆为了保存藏品而进行的复制;免费且不带有营利目的地表演作品;对公共场所的艺术品进行临摹等;以及翻译成少数民族语言、无障碍约定方式等。在以上情况下使用作品,可以不经著作权人事先许可，不需要向其支付报酬，但使用中还是应当指明作者姓名及作品名称，并且不得影响该作品的正常使用，也不得不合理地损害著作权人的合法权益。因此，表情包属于作品、受《著作权法》的保护，如果只是单纯聊天使用，未用于商业用途，一般认为属于合理使用的范畴、不构成著作权侵权。

**问** 制作、使用真人表情包可能侵犯他人哪些权利？

**答** 以真人照片作为表情包，很可能会侵犯他人的肖像权。根据《民法典》第1019条的相关规定，未经肖像权人同意，不得制作、使用、公开他人的肖像，肖像作品权利人亦不可通过发表、复制、发行、出租、展览等方式使用或者公开肖像权人的肖像。曾有网站在未经某知名演员同意的情况下，擅自使用该演员的名字和其在影视剧中的形象做成的表情包，用于营利性宣传，后经法院审理认定，该网络表情包会使普通群众将剧中的人物形象与演员本人联系起来，因此认定网站这种行为构成对演员本人的肖像权的侵害。

此外，制作、使用真人表情包还可能侵犯他人的名誉权。名誉权是指民事主体所享有的保护自己名誉不被以侮辱、诽谤等方式加以丑化的权利。日常生活中，主要是在日常社交沟通中使用真人表情包，大多数是为了增强娱乐性，但是可能较难把握玩笑与消遣的边界，真人表情包的制作和使用应当以尊重肖像权人的人物形象为前提，不能以丑化他人人格、诋毁他人形象作为代价，否则，就可能涉嫌侵犯名誉权。

> **典型案例分析**
>
> 以案说法为纠纷处理提供具体的参考
>
> 案件名称:A 公司与 B 公司侵害作品信息网络传播权纠纷
>
> 案号:(2022)鲁02民终976号
>
> 审理法院:山东省青岛市中级人民法院
>
> 案例来源:中国裁判文书网

**基本案情** A 公司经"蘑菇头系列"美术作品的唯一著作权人 C 公司的授权,成为唯一有权以自身名义对侵犯案涉表情包作品的行为进行维权的主体,任何公司、个人及其他主体未经唯一著作权人 C 公司的许可,均不得使用"蘑菇头系列"美术作品及后续创作的衍生形象,否则 A 公司将依法主张权利。B 公司未经许可授权,在 2020 年 12 月 30 日至 2021 年 2 月 9 日擅自在其经营的微信公众号上发表 3 篇推文,在 3 篇文章中将 4 张"蘑菇头系列"形象在公开的信息网络上用作商业宣传。

**法院观点** 作者授权 A 公司使用的 4 张图片和案涉表情包图片构成实质性相似,认定 B 公司未经著作权人许可,擅自在其发表的文章中使用 A 公司的权利图片,使相关公众可以在其个人选定的时间和地点通过 B 公司微信公众号获得上述4张被诉侵权图片,侵害了A公司的信息网络传播权,依法应当承担相应的侵权责任。

因A公司未能证明实际损失,亦不能证明B公司的侵权获利所得,故结合案涉作品类型及知名度、案涉作品的发表、传播成本、权利人为维权而支付的合理费用、侵权情节等因素确定B公司应向A公司承担的赔偿金额共计×××元(含合理费用)。

**裁判结果** 判决B公司于判决生效之日起10日内赔偿A公司×××元(含合理费用)。

**律师分析** 依据我国《著作权法》的相关规定,信息网络传播权是著作权中的一种财产性权利,是指通过有线或者无线的方式向社会公众提供作品,使公众可以在自己选定的时间和地点获得作品的权利。比如,某人未经作者同意,擅自将其某个视频作品从朋友圈发布到抖音这类的短视频平台,其他人可以通过抖音平台随时随地查看到这个视频,这一行为就是侵犯信息网络传播权的一种。

具体到本案中,如果被告公司未经该"蘑菇头系列"美术作品的权利人许可,擅自在推文中使用案涉表情包,并将推文发布出来,使得其他人能够在任意的时间和地点浏览、查看或者其他方式知晓,就已经构成了对原告作品信息网络传播权的侵害,需承担相应的民事责任。